監修 **玉田 久文**
（スタディサプリ講師）

高校入試
7日間完成

塾で教わる

中学3年分
の総復習

社会

KADOKAWA

JN049912

は じ め に

高校入試社会科の攻略にあたって -

この本は47都道府県の公立高校入試問題をもとに，各都道府県の問題を分析して集約し，今後入試問題で頻出すると予測される単元を中心に構成しました。この本に取り組むことで，基礎知識の確認をしつつ，問題を解いて「わかっている」状態から「解ける」状態に変化してもらえればと思っております。

社会に苦手意識がある，演習量が足りていないと考える中学３年生が，入試直前の得点アップを目指すには，社会科という科目に対しての意識を変えなければなりません。覚えるだけではなく，演習をすることで問題に慣れていかなければなりません。問題を解く，解説を熟読し理解する，解けなかった問題に再度取り組む，そうすることで，正答を重ねていけるようになるでしょう。

この本の有効活用法 -

この本の監修にあたり，問題量を徹底的にそぎ落として，本当に重要な単元をピックアップしました。入試科目のバランスを考えたとき，社会科に充てられる時間が多く取れない場合がよくあります。入試で出題される可能性が高いものに集中して徹底して取り組むことで，本番の正答率を高くしましょう。この本を入試直前対策で使用する場合，11月以降に７日間でまず取り組み，12月以降も，時間をおいて取り組み直すことをおすすめします。本番までに３回取り組み正答率を上げていけば，自信をもって入試本番を迎えることができるでしょう。また，９月以降の模試でも出題される可能性が高い重要事項がまとまっているので，夏休みから始めることも効果的な学習方法です。夏休みに取り組む場合，公民分野はまだ習っていない単元があるため，まずは地理・歴史の単元を反復して理解し，学校で公民分野を学習した後，この本を演習することで出題傾向をつかめるとよいでしょう。

入試突破にむけて -

皆さんにとって高校受験が初めての入学試験になるのでしょうか。当日緊張することはそれだけ志望校に合格したいという気持ちが強いからです。決して悪いことではありません。ただ，緊張を和らげることは可能です。自信を持ちましょう。自信を持つには徹底した反復です。頭で覚えるのではなく手を動かして解ける，書けるように体で覚えることが肝心です。当日「あれだけ取り組んだのだから大丈夫だ」と思いながら入試に臨むには「あれだけ」を積み重ねていかなければなりません。「あれだけ」の中にこの本があること，そしてお役に立てることを願っております。

監修 **玉 田 久 文**

この 本 の 使 い 方

この本は7日間で中学校で習う内容の本当に重要なところを，ざっと総復習できるようになっています。試験場で見返して，すぐに役立つような重要事項もまとめています。
この本は，各DAYごとに，STEP 1～2で構成されています。

STEP 1	**基本問題**	基本的な事項を押さえられているか確認しましょう。
STEP 2	**練習問題**	少し難易度が高い問題にチャレンジしましょう。
別冊	**解答・解説**	基本問題，練習問題の解答と解説が載っています。

STEP 1

STEP 2

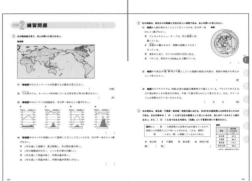

解答・解説

CONTENTS

〔本書に掲載している入試問題について〕

※本書に掲載している入試問題の解説は，KADOKAWA が作成した本書独自のものです。

※本書に掲載している入試問題の解答は，基本的に，学校・教育委員会が発表した公式解答ではなく，本書独自のものです。

装丁／chichols　編集協力／エデュ・プラニング合同会社　校正／株式会社鷗来堂　組版／株式会社フォレスト

図版／佐藤百合子，株式会社アート工房　写真／平等院鳳凰堂：平等院，螺鈿紫檀五弦琵琶：正倉院，見返り美人図：ColBase，土佐日記：国立公文書館，そのほかの写真：アフロ

特　典　の　使　い　方

ミニブックの活用方法 -

この本についている直前対策ミニブックには，社会の重要ポイントを一問一答形式でまとめています。特に，書き間違えやすい語句を中心に取り上げています。一問一答を解きながら，おさらいしていきましょう。
ミニブックは，切り取り線に沿って，はさみなどで切り取りましょう。

解きなおしPDFのダウンロード方法 -

この本をご購入いただいた方への特典として，この本のDAY 1～DAY 7において，書きこみができる部分の紙面のPDFデータを無料でダウンロードすることができます。記載されている注意事項をよくお読みになり，ダウンロードページへお進みください。下記のURLへアクセスいただくと，データを無料でダウンロードできます。「特典のダウンロードはこちら」という一文をクリックして，ユーザー名とパスワードをご入力のうえダウンロードし，ご利用ください。

> https://www.kadokawa.co.jp/product/322303001390/
> ユーザー名:sofukusyusyakai
> パスワード　:sofukusyu-syakai7

〔注意事項〕
● パソコンからのダウンロードを推奨します。携帯電話・スマートフォンからのダウンロードはできません。
● ダウンロードページへのアクセスがうまくいかない場合は，お使いのブラウザが最新であるかどうかご確認ください。また，ダウンロードする前に，パソコンに十分な空き容量があることをご確認ください。
● フォルダは圧縮されていますので，解凍したうえでご利用ください。
● なお，本サービスは予告なく終了する場合がございます。あらかじめご了承ください。

地理①〜世界と日本〜

基本問題

✓ 空欄に当てはまる言葉や数字，記号を書きなさい。

≫ ①世界の気候

世界の気候区分

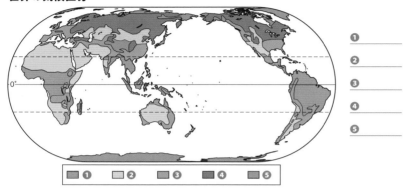

- ❶ _____
- ❷ _____
- ❸ _____
- ❹ _____
- ❺ _____

❶ ❷ ❸ ❹ ❺

○ 5つの気候帯

◎ **熱帯**…一年中気温が高い。

◎ **乾燥帯**…一年中降水量が少ない。

◎ **温帯**…温暖で，四季の変化がはっきりしている。

◎ **冷帯（亜寒帯）**…夏と冬の気温差が大きい。

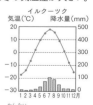

◎ **寒帯**…一年中寒さが厳しい。

≫ ②世界地図，時差

地図1

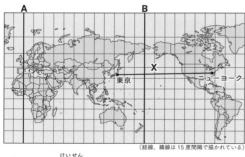

（経線，緯線は15度間隔で描かれている）

地図2

地図1は，経線と❶_____線が直角に交わる地図である。**地図2**は，図の中心からの❷_____と方位が正しい地図である。**地図1**中の**A**の線は経度0度の❸_____で，東西をそれぞれ180度に分けている。また，**地図1**中の**B**の経度❹_____度の線に沿うように**日付変更線**が引かれている。

Xと**Y**のうち，東京とニューヨーク間の最短距離を示しているのは，❺_____。

地球はほぼ24時間で360度回転しているので，360（度）÷24（時間）＝❻_____（度／時）となり，経度15度ごとに1時間の時差が生じる。

ここで差がつく

時差…東経と西経では東経の国の方が時刻が早い。

≫ ③日本の気候

日本の気候区分

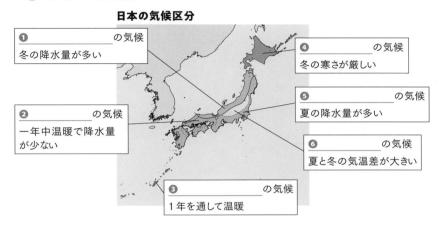

❶　　　　　　　　の気候
冬の降水量が多い

❷　　　　　　　　の気候
一年中温暖で降水量
が少ない

❸　　　　　　　　の気候
１年を通して温暖

❹　　　　　　　　の気候
冬の寒さが厳しい

❺　　　　　　　　の気候
夏の降水量が多い

❻　　　　　　　　の気候
夏と冬の気温差が大きい

◎ 日本の気候の特徴
梅雨という降水量の多い時期も見られる。また，夏から秋にかけては，台風がよく通過する。

≫ ④地形図の読み取り

地形図の川は，南東から❶　　　　　　の方角へ流れている。
　等高線は高さが等しい地点を結んだ線で，間隔が狭いところほど傾斜が急になる。
　ＸとＹのうち，傾斜が急なのは，❷　　　　　　。

一宮町狐新居
大久保山 △664.3
広厳院
△466.3
宮町金沢

（国土地理院発行２万５千分１地形図より「石和」）　※144%拡大

◎ 地形図
実際の距離は，**地図上の長さ×縮尺の分母**で求められる。
山頂からふもとに向かって等高線がはりだすところが**尾根**で，その反対が**谷**である。

ここで差がつく

①川の流れの方角は標高差に注目！

②実際の面積は実際の距離を求めてから計算することでミスを防ごう。

◎ 土地利用に関する地図記号

田	｜｜
畑	∨
果樹園	○

≫ ⑤日本の人口ピラミッド

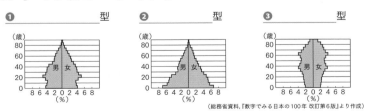

❶　　　　　　　　型　　❷　　　　　　　　型　　❸　　　　　　　　型

（総務省資料，『数字でみる日本の100年 改訂第6版』より作成）

❶は1970年の人口ピラミッドで，出生率と死亡率がともに❹　　　　　　い。一方，❷は1950年の人口ピラミッドで，出生率と死亡率がともに高く，子どもが多いことが特徴。❸は2010年の人口ピラミッドで，出生率と死亡率がともに低下している人口減少型であり，高齢者が多く，❺　　　　　　　　が少ないのが特徴。

◎ 日本の人口
子どもの割合が減り，高齢者の割合が増える**少子高齢化**が進んでいる。
また，人口分布にはかたよりがあり，都市部は，人口が集中して**過密**となっている。一方で，農村や山間部では，若い人を中心に人口が流出し，**過疎**となっている地域が増えている。

1 次の略地図を見て，あとの問いに答えなさい。

略地図

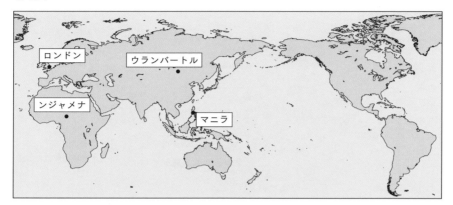

(1) **略地図**中のウランバートルが位置する大陸名を答えなさい。

[　　　　　　　大陸]

(2) 三大洋のうち，ヨーロッパ州が面している大洋を何と呼ぶか書きなさい。

[　　　　　　　洋]

(3) **略地図**中のロンドンの雨温図を，次の**ア〜エ**から1つ選びなさい。

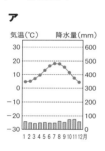 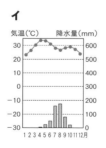 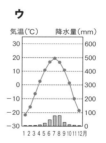 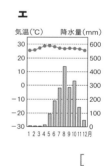

[　　　　]

(4) **略地図**中のマニラの気候について説明した文として正しいものを，次の**ア〜エ**から1つ選びなさい。

ア 1年を通して温暖で，夏は乾燥し，冬は降水量が多い。

イ 1年の寒暖差が大きく，とくに冬の寒さが厳しい。

ウ 1年を通して気温が高く，年降水量が多い。

エ 1年を通して気温が高く，年降水量が非常に少ない。

[　　　　]

2 右の地図は，東京からの距離と方位が正しい地図である。あとの問いに答えなさい。

(1) **地図**から読み取れることとして正しいものを，次の**ア〜エ**から1つ選びなさい。

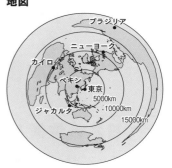

地図

　ア　ジャカルタとニューヨークは，同じ緯度(いど)に位置している。

　イ　赤道(せきどう)から離れるほど，実際の面積より大きくなっている。

　ウ　東京から見て，カイロは北西の方位にある。

　エ　ペキンは，東京から5000km以上離れている。

[　　]

(2) **地図**中の東京が標準時子午線(ひょうじゅんじしごせん)としている経線の経度は何度か，東経か西経かを明らかにして答えなさい。

[　　　　　度]

(3) **地図**中のブラジリアは，西経45度の経線を標準時子午線としている。ブラジリアが7月10日午後8時のときの東京の日時を，午前・午後を明らかにして答えなさい。なお，サマータイムは実施されていないものとする。

[　　月　　日　　時]

3 次の資料は，埼玉県・千葉県・東京都・神奈川県における，2020年の昼夜間人口比率を示したものである。次の文章中の（　❶　）に当てはまる都県として正しいものを，あとの**ア〜エ**から1つ選びなさい。また，（　❷　）に当てはまる内容を，「近隣」という言葉を用いて書きなさい。

資料から，（　❶　）の昼夜間人口比率が100を超えているので，昼間人口が夜間人口より多いことがわかる。これは，昼間に（　　❷　　）ために（❶）に移動してくるからである。

資料

都県	昼夜間人口比率（％）
埼玉県	87.6
千葉県	88.3
東京都	119.2
神奈川県	89.9

（2020年，総務省資料などより作成）

ア　埼玉県　　**イ**　千葉県　　**ウ**　東京都　　**エ**　神奈川県

❶[　　　]　　❷[　　　　　　　　　　　　　　　　　　]

地理②〜日本のすがた〜

>> ①日本の位置と範囲，海流

日本の4つの端と排他的経済水域

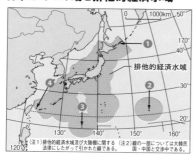

排他的経済水域

(注1)排他的経済水域及び大陸棚に関する (注2)線の一部については大韓民
法律にしたがって引かれた線である。 国・中国と交渉中である。

日本の周辺の海流

❶ _____ ❷ _____ ❸ _____ ❹ _____

❺ _____ ❻ _____ ❼ _____ ❽ _____

>> ②日本の産業（農業）

　日本のように国土が狭い国では，一定面積の農地に労働力や資本を集中さ
せる❶_____がよく行われている。

　また，日本には四季があるため，気候に合った農業が行われている。例えば，
高知県や宮崎県などで行われる，暖かい気候を利用して出荷時期を早める
❷_____や，長野県や群馬県などで行われる，夏でも涼しい気候
を利用して出荷時期を遅らせる❸_____がある。

　その他，温室やビニールハウスを使わず，普通の畑で作物を栽培する
❹_____も行われている。

　右のグラフは，日本の米・小麦・肉
類・果実の自給率の推移を示したもの
である。**A〜D**のうち，米の自給率を示
しているのは，❺_____である。

**日本の米・小麦・肉類・果実の
自給率の推移**

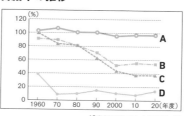

（「食料需給表」などより作成）

≫ ③日本の産業（工業）

日本の三大工業地帯の製造品等出荷額の内訳

A 32兆4505億円	金属 19.0%	機械 39.7	化学 15.8	食料品 11.6	繊維 1.3 その他 12.6
B 54兆6299億円	9.6%	68.1	6.6	5.3	0.7 9.7
C 23兆1190億円	8.7%	47.2	17.0	12.2	0.5 14.4

（2020年，経済産業省資料より作成）

上のグラフのうち，出荷額が最大の**中京工業地帯**を示しているのは，❶＿＿＿＿＿。その他，**東海工業地域・瀬戸内工業地域**など，関東南部から九州北部に連なる工業地帯や地域をあわせて，❷＿＿＿＿＿＿＿＿と呼ぶ。

ここで差がつく

主な工業地帯・地域の製造品出荷額とその割合を見て，判断しよう。
中京工業地帯＞阪神工業地帯＞北関東工業地域＞瀬戸内工業地域＞京浜工業地帯の順に製造品出荷額が多い（2020年）。

≫ ④日本の貿易

日本は，原料を輸入して製品にしてから輸出する❶＿＿＿＿＿により経済発展を遂げた。

しかし，近年は海外で作られた製品を輸入することが増えたため，2021年の日本の輸入品を示した右のグラフで最も割合が高いのは❷＿＿＿＿＿である。

日本の主な輸入品の割合

❷ 25.1%

2021年
総額84兆
8750億円

その他 44.1

石油 10.7
原油 8.2
石油製品 2.5
液化ガス 5.9
医薬品 5.0
衣類 3.3
石炭 3.3
精密機器 2.6

（2021年，財務省資料より作成）

≫ ⑤日本の運輸

右のグラフのように1960年度と2019年度を比較すると，2019年度には旅客・貨物ともに輸送量が増えており，輸送方法別（船，航空機，鉄道，自動車）で見ると，**A**の❶＿＿＿＿＿の割合が最も高い。その理由には，❷＿＿＿＿＿をふくむ，交通網の発達が関係している。

日本の旅客輸送量・貨物輸送量

旅客輸送量（億人 km）

1960年度	
2019年度	

0　　5,000　　10,000　　15,000

貨物輸送量（億トン km）

1960年度	
2019年度	

0　1,000　2,000　3,000　4,000　5,000　6,000

■ A
■ B
■ C
■ D

※人 km：旅客の人数とその旅客を輸送した距離を掛け合わせた単位
※トン km：貨物の重量とその貨物を輸送した距離を掛け合わせた単位
（国土交通省資料などより作成）

◎ 日本の三大工業地帯の特徴

◎ 阪神工業地帯…大阪と神戸を中心とした工業地帯。金属工業の割合がやや高め。

◎ 中京工業地帯…日本の工業地帯，工業地域のなかで最大の出荷額をほこる。機械工業の割合が突出して高い。

◎ 京浜工業地帯…東京から神奈川に広がる工業地帯。重化学工業（機械・化学・金属）の割合が高く，東京をふくむため印刷業に強みをもつ。

◎ 日本の貿易の変遷
1960年代は，輸出では繊維品，輸入では繊維原料の割合が最も高かったが，加工貿易を行うようになったことで，輸出では機械類の割合が増えていった。さらに近年では，日本より人件費が安い国で生産された製品を輸入するようになったため，輸入でも機械類の割合が高くなった。

◎ 日本の交通網
国内の新幹線や高速道路の整備の他，成田空港・関西国際空港のような航空網，名古屋港・横浜港のような海上交通網も発達している。

1
DAY **2**
3
4
5
6
7

011

1 **右の略地図を見て，あとの問いに答えなさい。**

略地図

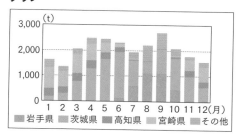

(1) **略地図**中に**A**で示した海洋名を書きなさい。

[　　　　　　　　]

(2) 日本の東西南北端のうち，**略地図**中に**B**で示した南端の島を何と呼ぶか，書きなさい。

[　　　　　　　島]

(3) **略地図**中に**C**で示した県は，[**D**]の気候に属するため，1年を通して降水量が少ない。
[**D**]に当てはまる言葉を書きなさい。

[　　　　　　　の気候]

(4) **略地図**中に**C**で示した県は，(3)の気候を活かしたある果実の生産量が日本一である。その果実として正しいものを，次の**ア**～**エ**から1つ選びなさい。

ア りんご　　**イ** ぶどう　　**ウ** みかん　　**エ** オリーブ

[　　　]

(5) 右に示したのは，東京都中央卸売市場での2022年のピーマンの月別出荷量を示した**グラフ**と，宮崎県の県庁所在地の**雨温図**である。これらから読み取れることとして正しいものを，次の**ア**～**エ**から1つ選びなさい。

ア 出荷量が最も多い月で最も割合が高い都道府県は，中部地方に属する。

イ 雨温図で示した県は，他の産地と出荷時期をずらしている。

ウ 岩手県の出荷量が最も多いのは7月である。

エ 雨温図で示した県は中央高地の気候に属する。

[　　　]

グラフ

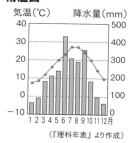

（2022年，東京都中央卸売市場資料より作成）

雨温図

（『理科年表』より作成）

2 右の地形図は，ある地域の2万5千分の1の地形図である。あとの問いに答えなさい。

(1) **地形図**にある直線**A−B**と直線**C−D**のうち，傾斜が急なほうはどちらか，書きなさい。

[　　　　　]

地形図

(国土地理院発行2万5千分1地形図「富良野」より)　※80％縮小

(2) **地形図**中の**B**地点の標高は何mか，書きなさい。

[　　　　m]

(3) **地形図**中の**E**の地図記号が示すものとして正しいものを，次の**ア**〜**エ**から1つ選びなさい。

ア 図書館　　**イ** 神社　　**ウ** 消防署　　**エ** 老人ホーム

[　　　　]

3 右のグラフは，茨城県・栃木県・群馬県を中心に広がる北関東工業地域の2020年の製造品出荷額等を示したものである。あとの問いに答えなさい。

(1) **グラフ**中の**ア**〜**エ**には，金属工業，化学工業，機械工業，食料品工業のいずれかが当てはまる。機械工業の割合として正しいものを，**グラフ**中の**ア**〜**エ**から1つ選びなさい。

[　　　　]

グラフ

ア 41.5%	イ 16.7	ウ 14.2	エ 11.1	その他 16.5

(2020年, 経済産業省資料より作成)

(2) 内陸であるにもかかわらず，北関東工業地域の群馬県や栃木県の工業が発展した理由の1つには，近くにある工業地帯から工場が移転してきたことがあげられる。この工業地帯は何か，書きなさい。

[　　　　　工業地帯]

(3) 関東地方では，企業や学校が集中する東京都に，埼玉県をはじめとする郊外から多くの人が通勤・通学している。その際に利用される，都心と郊外を結ぶ鉄道が集まる駅を何というか，書きなさい。

[　　　　　駅]

歴史①
～江戸時代のおわりから昭和時代～

STEP **1** **基本問題** ✓ 空欄に当てはまる言葉を書きなさい。

>> ①開国と江戸幕府の滅亡，明治維新と立憲政治の始まり

年代	できごと
1853	❶　　　　 が来航する
1854	日米和親条約を結ぶ
1858	❷　　　　 条約を結ぶ
1867	大政奉還が行われる
1877	❸　　　　 戦争が始まる
1885	❹　　　　 制度の創設
1889	大日本帝国憲法の発布
1890	第一回帝国議会の開会

❶ ＿＿＿＿＿＿ 来航

❷ ＿＿＿＿＿＿ 条約

❸ ＿＿＿＿＿＿ 戦争

❹ ＿＿＿＿＿＿ 制度

アメリカと条約を結び，日本は開国した。次第に幕府への不満が強くなり，1867年に❺＿＿＿＿＿＿＿＿が**大政奉還**をして政権を朝廷に返した。

明治政府は，立憲政治を行うのに必要な組織や憲法をつくった。その中心となったのが，初代内閣総理大臣となった❻＿＿＿＿＿＿＿＿である。

○ 幕末に日本が結んだ条約

○ 日米和親条約…下田・函館の2港を開いた。

○ 日米修好通商条約…函館・神奈川（横浜）・長崎・新潟・兵庫（神戸）の5港を開いた。日本にとって不平等な内容で，ほぼ同じ内容の条約をオランダ・ロシア・イギリス・フランスとも結んだ。

ここで差がつく

日米修好通商条約は大老の井伊直弼が朝廷の許可を得ないまま結んだ。

>> ②日清・日露戦争と条約改正，第一次世界大戦と日本の動き

年代	できごと
1894	日清戦争が始まる
1895	❶　　　　 条約を結ぶ
	三国干渉が行われる
1902	日英同盟を結ぶ
1904	日露戦争が始まる
1905	❷　　　　 条約を結ぶ
1910	韓国併合が行われる
1914	第一次世界大戦が始まる
1915	❸　　　　 の要求が行われる
1918	❹　　　　 出兵が始まる
1919	ベルサイユ条約が調印される

❶ ＿＿＿＿＿＿ 条約

❷ ＿＿＿＿＿＿ 条約

❸ ＿＿＿＿＿＿ の要求

❹ ＿＿＿＿＿＿ 出兵

幕末に結んだ条約の不平等な内容について，1894年に❺＿＿＿＿＿＿＿＿が撤廃され，1911年に❻＿＿＿＿＿＿＿＿が回復した。**日清戦争・日露戦争**という2つの戦争を通して，日本は国際的な地位を高めていった。

日本が第一次世界大戦に参戦すると，国内は好景気になった。しかし，物価が上がったことにより民衆の生活は苦しくなり，米の安売りを求める❼＿＿＿＿＿＿などが起こった。

○ 明治時代の2つの戦争

○ 日清戦争…朝鮮をめぐる日本と清（中国）の戦争。勝利した日本は，講和条約で遼東半島や台湾などの領土や，多額の賠償金などを得た。

○ 日露戦争…東アジアでの勢力争いから，日本とロシアの間で起きた戦争。アメリカの仲介で講和条約を結ぶも，賠償金を得られなかったため，日本国内では暴動が起こった。

≫ ③世界恐慌から第二次世界大戦へ

年代	できごと
1929	世界恐慌が始まる
1931	柳条湖事件が起こる
1932	❶ が建国される
1933	日本が国際連盟を脱退する
1937	日中戦争が始まる
1938	国家総動員法が制定される
1939	第二次世界大戦が始まる
1940	❷ 三国同盟を結ぶ
1941	日ソ中立条約を結ぶ
	❸ 戦争が始まる
1945.2	ヤルタ会談が行われる
1945.3	東京大空襲が起こる
1945.3	沖縄戦が始まる
1945.8.6	広島に原爆が投下される
1945.8.8	ソ連が対日参戦する
1945.8.9	長崎に原爆が投下される
1945.8.15	❹ 宣言を受諾する

❶ ＿＿＿＿＿＿
❷ ＿＿＿＿＿＿ 三国同盟
❸ ＿＿＿＿＿＿ 戦争
❹ ＿＿＿＿＿＿ 宣言

世界恐慌で深刻な不況に陥ると，各国はそれぞれ対策をとり始めた。日本では政党政治が行きづまり，1932年の❺＿＿＿＿＿＿＿や1936年の❻＿＿＿＿＿＿＿以降，軍部が台頭するようになった。やがて日本は中国やアメリカと戦争を始めたが，**1945年8月15日**に降伏した。

≫ ④日本の戦後改革と戦後の世界，各国との条約

年代	できごと
1950	❶ 戦争が始まる
1951	サンフランシスコ平和条約を結ぶ
	日米安全保障条約を結ぶ
1956	❷ 共同宣言が出される
1960	日米新安全保障条約を結ぶ
1965	❸ 基本条約を結ぶ
1968	小笠原諸島が返還される
1972	❹ が返還される
	日中共同声明が出される
1978	日中平和友好条約を結ぶ

❶ ＿＿＿＿＿＿ 戦争
❷ ＿＿＿＿＿＿ 共同宣言
❸ ＿＿＿＿＿＿ 基本条約
❹ ＿＿＿＿＿＿ 返還

戦後，日本は連合国軍に占領され，❺＿＿＿＿＿＿＿を最高司令官とするGHQの指令で戦後改革を進めた。その頃，世界では資本主義国と社会主義国との間で戦火を交えない❻＿＿＿＿＿が始まっていた。復興を続ける日本は，**サンフランシスコ平和条約**で独立を回復し，各国と条約を結んで国交を正常化していった。

◎ 世界恐慌での各国の対応

◎ アメリカ…ローズベルト大統領による**ニューディール**（新規巻き直し）政策。

◎ イギリス，フランス…植民地との関係を強化する**ブロック経済**。

◎ イタリア，ドイツ，日本…ブロック経済圏をつくるため，領土の獲得を目指す。

◎ ソ連…五か年計画により，世界恐慌の影響なし。

1
2
DAY 3
4
5
6
7

ここで差がつく
朝鮮戦争では，アメリカ軍が日本で多くの物資を調達したことによって，日本は特需景気と呼ばれる好景気となった。

◎ 日本の戦後改革

◎ 選挙法の改正…満20歳以上のすべての男女に選挙権。

◎ 財閥解体…経済の民主化を進めた。

◎ 農地改革…地主の土地を買い上げ，小作人に安く売った。

◎ 日本国憲法の公布…国民主権・基本的人権の尊重・平和主義が基本原理。

◎ 教育基本法の制定…日本国憲法に則って教育の方針を示す。

1 右の年表を見て，あとの問いに答えなさい。

(1) **年表**中の❶〜❺に当てはまる言葉を書きなさい。

❶ [   ]

❷ [   ]

❸ [   ]

❹ [   ]

❺ [   ]

(2) 以下の地図は，**年表**中の日米修好通商条約で開いた港を示している。このうち，❶の条約でも開かれた港を，**地図**中の**ア〜オ**から１つ選びなさい。

[   ]

日米修好通商条約で開いた港

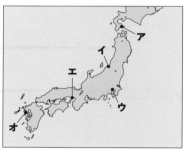

年表

年代	できごと
1853	ペリーが来航する
1854	❶　　　条約を結ぶ
1858	日米修好通商条約を結ぶ
1877	西南戦争が始まる
1894	日清戦争が始まる
1895	下関条約を結ぶ
	三国干渉が行われる
1902	❷　　　同盟を結ぶ
1904	日露戦争が始まる
1905	ポーツマス条約を結ぶ
1910	❸　　　併合が行われる
1914	第一次世界大戦が始まる
1915	二十一か条の要求が行われる
1918	シベリア出兵が行われる
1919	❹　　　条約が調印される
1931	柳条湖事件が起こる
1932	満州国が建国される
	五・一五事件が起こる
1933	日本が国際連盟を脱退する
1936	二・二六事件が起こる
1937	❺　　　戦争が始まる
1938	国家総動員法が制定される
1939	第二次世界大戦が始まる
1940	日独伊三国同盟を結ぶ
1941	日ソ中立条約を結ぶ
	太平洋戦争が始まる

(3) 日清・日露戦争について説明した文として正しいものを，次の**ア〜エ**から１つ選びなさい。

ア 日清戦争は義和団事件がきっかけで起こった。

イ 戦争での死者や戦費は，日露戦争より日清戦争の方が多かった。

ウ ポーツマス条約では遼東半島や台湾を得た。

エ 三国干渉は，ロシア・ドイツ・フランスによって行われた。

[   ]

2 右の年表を見て，あとの問いに答えなさい。

(1) **年表**中の❶，❷に当てはまる言葉を書きなさい。

❶ [　　　　　　　　　　]

❷ [　　　　　　　　　　]

(2) **年表**中の日本の戦後改革のうち，地主の土地を
買い上げ，小作人に安く売ったことを何というか，
書きなさい。

[　　　　　　　　　　]

年表

年代	できごと
1945	日本の戦後改革が始まる
1951	サンフランシスコ平和条約を結ぶ
	日米安全保障条約を結ぶ
1956	日ソ共同宣言が出される
1960	日米新安全保障条約を結ぶ
1965	❶＿＿＿＿条約を結ぶ
1968	小笠原諸島が返還される
1972	沖縄が返還される
	日中共同声明が出される
1978	❷＿＿＿＿条約を結ぶ

(3) **年表**中のサンフランシスコ平和条約に調印した内閣総理大臣の名前を書きなさい。

[　　　　　　　　　　]

(4) **年表**中の日米新安全保障条約・日中共同声明それぞれに関わった内閣総理大臣の組み合
わせとして正しいものを，それぞれ次の**ア**～**エ**から1つずつ選びなさい。

ア 日米新安全保障条約－池田勇人　　**イ** 日米新安全保障条約－岸信介

ウ 日中共同声明－田中角栄　　**エ** 日中共同声明－竹下登

[　　　，　　　]

(5) **年表**中の日ソ共同宣言は，鳩山一郎内閣のときに調印された。この宣言を調印したこと
により，日本はある組織への加盟が実現し，国際社会へ復帰することとなった。この組織の
名称を書きなさい。

[　　　　　　　　　　]

(6) **年表**中の沖縄返還を実現させた佐藤栄作内閣は，アメリカとの交渉のなかで核兵器を「持
たず，作らず，持ちこませず」という方針を示した。この方針を何というか，書きなさい。

[　　　　　　　　　　]

歴史②〜政治・社会・経済史〜

>> ①各時代の産業史

鎌倉時代には，農作業に牛や❶＿＿＿＿＿が利用されるようになり，同じ田畑で米と麦を交互につくる❷＿＿＿＿＿も始まった。また，寺社の門前などで月に三度，決まった日に❸＿＿＿＿＿が開かれるようになった。

室町時代に入ると，❷は全国に普及し，かんがい用の❹＿＿＿＿や，牛や❶のふんの❺＿＿＿＿＿も使われるようになった。また，❸は開かれる日数が増え，商業がさかんになっていった。

江戸時代には，特に農業が大きな発展を遂げた。❻＿＿＿＿＿や❼＿＿＿＿＿といった農具が開発されたり，干鰯や油かすなどの❽＿＿＿＿＿が使われたりするようになった。

○ 江戸時代に開発された農具

◎ 備中ぐわ…深く耕せる鉄製のくわ。

◎ 千歯こき…脱穀を効率的に行える道具。

◎ 唐み…穀物からもみ殻やごみなどをより分ける道具。

>> ②各時代の文化史

図1 　　図2 　　図3

図1は東大寺南大門にある❶＿＿＿＿＿，図2は足利義満が建てた❷＿＿＿＿，図3は❸＿＿＿＿＿の見返り美人図である。

○ 各時代の文化の特色

◎ 鎌倉文化…武士の気風に合った力強い文化。

◎ 室町文化…貴族と武士の文化が混じった文化。

◎ 元禄文化…上方の町人を担い手とする文化。

◎ 化政文化…江戸の庶民を担い手とする文化。

>> ③各幕府のしくみ

鎌倉幕府のしくみ

❶＿＿＿＿＿

室町幕府のしくみ

❷＿＿＿＿＿

江戸幕府のしくみ

❸＿＿＿＿＿

ここで差がつく

◎ 守護…軍事・警察を担当する役職で，国ごとに置かれた。

◎ 地頭…領地の管理や年貢の取り立てを行った役職で，荘園や公領ごとに置かれた。

》 ④四大文明

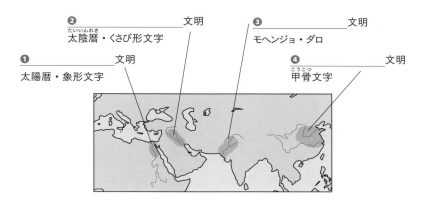

❷ _____文明
太陰暦・くさび形文字

❸ _____文明
モヘンジョ・ダロ

❶ _____文明
太陽暦・象形文字

❹ _____文明
甲骨文字

ここで差がつく

四大文明と大河はセットで覚えよう！

◎ エジプト文明
…ナイル川

◎ メソポタミア文明
…チグリス川，
ユーフラテス川

◎ インダス文明
…インダス川

◎ 中国文明
…黄河，長江

》 ⑤ヨーロッパの歴史

ヨーロッパでは14世紀から16世紀にかけて，人のいきいきとした姿を表現する❶_____（文芸復興）がおこった。代表的な作品に，レオナルド・ダ・ビンチの「モナ・リザ」やミケランジェロの「ダビデ」などがある。

同じころ，西ヨーロッパで，ドイツの❷_____やスイスのカルバンが❸_____を始めた。これに対抗するために，カトリック教会は❹_____の宣教師ザビエルらをアジアやアメリカ大陸へ派遣し，キリスト教の布教を行った。

◎ キリスト教と日本

1549年，ザビエルは来日してキリスト教を伝えた。長崎や豊後（大分県），京都などで布教活動を行った結果，17世紀の初めには，日本のキリスト教信者は30万人を超えるまでになった。

》 ⑥外交史

弥生時代～江戸時代中ごろまでの外交上の主なできごと

時代	主なできごと
弥生時代	奴国の王が❶_____に使いを送る
	邪馬台国の卑弥呼が❷_____に使いを送る
古墳時代	倭王武が南朝に使いを送る
飛鳥時代	聖徳太子が小野妹子らを❸_____に送る
	第一回❹_____を送る
平安時代	❹を停止する
	平清盛が❺_____と貿易を行う
室町時代	足利義満が❻_____との貿易を始める
安土桃山時代	ポルトガル人やスペイン人と❼_____貿易を行う
江戸時代	徳川家康が❽_____貿易を行う
	鎖国体制のなか，中国・オランダとの貿易は続ける

◎ 各時代の貿易の輸出入品目

◎ 日明貿易（勘合貿易）…日本は刀，銅，硫黄，漆器などを輸出し，銅銭，生糸，絹織物などを輸入した。

◎ 南蛮貿易…日本は銀を輸出し，鉄砲，火薬，中国産の生糸，絹織物などを輸入した。

◎ 朱印船貿易…日本は銀や刀などを輸出し，中国産の生糸や絹織物などを輸入した。

1 日本の各時代の産業について，あとの問いに答えなさい。

(1) おもに5〜6世紀ごろに，朝鮮半島から日本列島に移り住み，須恵器をつくる技術や漢字，儒学などを伝えた人々を何というか書きなさい。

[　　　　　　　　　　]

(2) 各時代の農業について説明した文として誤っているものを，次の**ア〜エ**から1つ選びなさい。

ア 奈良時代の人々は，口分田の面積に応じて調という税を納めていた。

イ 鎌倉時代には，同じ田畑で米と麦を交互につくる二毛作が始まった。

ウ 豊臣秀吉の太閤検地により，百姓は石高に応じた年貢を納めることを義務づけられた。

エ 江戸時代には，備中ぐわや千歯こきなどの新しい農具が開発された。

[　　　　]

(3) 織田信長をはじめとする戦国大名が，領地の経済発展のために，市での税を免除したり，営業を独占していた同業者組合を廃止したりしたことを何というか書きなさい。

[　　　　　　　　]

2 次の❶から❹は，日本の各時代の文化を代表する建造物である。それぞれが当てはまる文化として正しいものを，あとのア〜コから1つずつ選びなさい。

❶  ❷  ❸  ❹

ア 弥生文化　**イ** 古墳文化　**ウ** 飛鳥文化　**エ** 天平文化　**オ** 国風文化

カ 鎌倉文化　**キ** 室町文化　**ク** 桃山文化　**ケ** 元禄文化　**コ** 化政文化

❶ [　　] ❷ [　　] ❸ [　　] ❹ [　　]

3 次の略年表は，日本の外交史をまとめたものである。あとの問いに答えなさい。

略年表

時代	主なできごと
弥生時代	奴国の王が漢（後漢）に使いを送る
	❶邪馬台国の女王が魏に使いを送る
古墳時代	倭王武が南朝に使いを送る
飛鳥時代	❷聖徳太子が小野妹子らを隋に送る
	第一回遣唐使を送る
平安時代	遣唐使を停止する
	平清盛が宋と貿易を行う
室町時代	足利義満が❸明との貿易を始める
安土桃山時代	ポルトガル人やスペイン人と❹南蛮貿易を行う
江戸時代	徳川家康が朱印船貿易を行う
	鎖国体制のなか，中国・オランダとの貿易は続ける

(1) **略年表**中の❶の名前を書きなさい。

[   ]

(2) **略年表**中の❷が行ったこととして正しいものを，次の**ア〜エ**から1つ選びなさい。

ア 中臣鎌足とともに蘇我氏を倒して大化の改新を行った。

イ 政治の判断の基準となる御成敗式目（貞永式目）をつくった。

ウ 十七条の憲法を制定して役人としての心がまえを説いた。

エ 質素な風情を楽しむわび茶という芸能を大成させた。

[   ]

(3) **略年表**中の❸では，正式な貿易船と海賊を見分けるため，右の**図**のような合い札を使った。これを何というか書きなさい。

図

本字壱号　日字壱号

[   ]

(4) **略年表**中の❹において，日本が輸出したものとして正しいものを，次の**ア〜エ**から1つ選びなさい。

ア 生糸　　**イ** 銀　　**ウ** 鉄砲　　**エ** 絹織物

[   ]

公民①～人権と日本国憲法～

基本問題 ✓ 空欄に当てはまる言葉や数字を書きなさい。

≫ ①ヨーロッパの人権思想の広がり

- ❶＿＿＿＿＿＿…『統治二論』で抵抗権を
唱えたイギリスの思想家。

- ❷＿＿＿＿＿＿＿…『法の精神』で
図で示している❸＿＿＿＿＿＿＿を唱えた
フランスの思想家。

- ❹＿＿＿＿＿＿…『社会契約論』で人民主権を唱えたフランスの思想家。

❸の図

	立法権	
行政権		司法権

○ 人の支配と法の支配

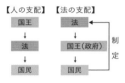

【人の支配】
国王 → 法 → 国民

【法の支配】
法 → 国王（政府） → 国民
制定

人権思想についての主なできごと

年代	主なできごと
1215年	マグナ・カルタが制定される（イギリス）
1689年	名誉革命により❺＿＿＿＿＿が出される（イギリス）
1776年	❻＿＿＿＿＿が出される（アメリカ）
1789年	フランス革命のなかで❼＿＿＿＿＿が出される（フランス）
1919年	世界で初めて社会権を規定した❽＿＿＿＿＿が制定される（ドイツ）

ここで差がつく

人権を保障するためには，法の役割が重要。
国家権力が法にもとづいて行使される状態を法の支配といい，そうした状態の国家を法治国家という。

≫ ②日本国憲法

日本国憲法は，1946年❶＿＿＿月❷＿＿＿日に公布され，1947年
❸＿＿＿月❹＿＿＿日に施行された。前文と11章103条の構成で，
❺＿＿＿＿＿・基本的人権の尊重・平和主義の3つが基本原理。

天皇は日本国および日本国民統合の❻＿＿＿＿＿と定められ，国会の召集や
衆議院の解散といった❼＿＿＿＿＿だけを行う。

日本国憲法は国の❽＿＿＿＿＿とされているため，改正するには，下
記のように他の法律とは異なる慎重な手続きが必要となる。

憲法改正の流れ

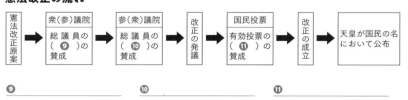

| 憲法改正原案 | → | 衆（参）議院 総議員の（ ❾ ）の賛成 | → | 参（衆）議院 総議員の（ ❿ ）の賛成 | → | 改正の発議 | → | 国民投票 有効投票の（ ⓫ ）の賛成 | → | 改正の成立 | → | 天皇が国民の名において公布 |

❾＿＿＿＿＿　❿＿＿＿＿＿　⓫＿＿＿＿＿

○ 日本国憲法の条文（抜粋）

◎ 第1条…天皇は，日本国の象徴であり日本国民統合の象徴であつて，この地位は，主権の存する日本国民の総意に基く。

◎ 第4条…天皇は，この憲法の定める国事に関する行為のみを行ひ，国政に関する権能を有しない。

◎ 第98条…この憲法は，国の最高法規であつて，その条規に反する法律，命令，詔勅及び国務に関するその他の行為の全部又は一部は，その効力を有しない。

>> ③基本的人権

- 平等権…すべての人間は平等な存在であり，平等な扱いを受ける権利のこと。性別，国籍，障がいの有無，民族などで差別されることがないよう，さまざまな取り組みが行われている。

  【性別の平等】1985年に❶＿＿＿＿＿＿＿＿＿＿＿が，1999年に❷＿＿＿＿＿＿＿＿＿＿＿が制定された。

  【障がいの有無にかかわらない平等】公共交通機関などでは段差をなくす❸＿＿＿＿＿＿＿＿＿が行われている。

  【民族の平等】北海道の先住民族であるアイヌ民族の文化を尊重するため，2019年にアイヌ民族支援法が制定された。

- 自由権…人間らしく生きるため，自由に物事を考えて行動できる権利のこと。精神の自由・身体の自由・❹＿＿＿＿＿＿＿の自由の3つに分けられる。

- 社会権…人間らしい豊かな生活を送るための権利のこと。日本国憲法では，第❺＿＿＿＿条で保障されている生存権や，❻＿＿＿＿＿を受ける権利，勤労の権利，労働基本権が社会権とされている。

>> ④新しい人権

社会情勢の変化などにともなって，憲法の条文で明記されていない「新しい人権」が主張されるようになった。代表的なものに，以下の4つがある。

- 環境権（かんきょう）…住みやすい環境を求める権利のこと。この権利を保障するため，大規模な開発を行う場合は，環境への影響を事前に調査し，住民や自治体などの意見をきく❶＿＿＿＿＿＿＿＿＿＿が義務づけられている。

- ❷＿＿＿＿＿＿＿＿＿…自分の生き方や生活の仕方について自由に決定する権利のこと。この権利を保障するため，医療の分野では，患者が治療方法などについて医師から十分な説明を受けてから同意する，**インフォームド・コンセント**が行われている。

- 知る権利…国民が政治に関する判断をするために，必要な情報を手に入れる権利のこと。この権利を支えるものの1つに，新聞やテレビなどの❸＿＿＿＿＿＿＿がある。

- ❹＿＿＿＿＿＿＿＿の権利…私生活に関する情報を公開されない権利のこと。自分の顔などを勝手に撮影・公表されない**肖像権**（しょうぞう）もこの権利にふくむ。

1 次の人権思想と憲法の歴史をまとめた略年表を見て，あとの問いに答えなさい。

略年表

年代	主なできごと
1215年	❶マグナ・カルタが制定される（イギリス）
1689年	名誉革命により権利章典が出される（イギリス）
1776年	アメリカ独立宣言が出される（アメリカ）
1789年	❷フランス人権宣言が出される（フランス）
1889年	大日本帝国憲法が発布される（日本）
1919年	❸ワイマール憲法が制定される（ドイツ）
1946年	❹日本国憲法が公布される（日本）

(1) **略年表**中の❶は，権力者である王に対して反抗した貴族が，自分たちの権利を王に認めさせて出させた文書である。❶により，イギリスでは，王が国民に直接政治権力をふるっていた「人の支配」から「法の支配」への移行が進んでいった。「法の支配」とはどのような状態か，右の**図**を参考にして説明しなさい。

[   ]

図

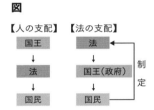

(2) **略年表**中の❷には，フランスの思想家モンテスキューの三権分立の考えが取り入れられている。この三権分立を唱えたモンテスキューの著作は何か，書きなさい。

[   ]

(3) **略年表**中の❸は，世界で初めてある人権について規定した憲法である。❸で初めて規定された人権として正しいものを，次の**ア**〜**エ**から1つ選びなさい。

ア 自由権　　**イ** 平等権　　**ウ** 社会権　　**エ** 自己決定権

[   ]

(4) **略年表**中の❹について説明した文として正しいものを，次の**ア**〜**エ**から1つ選びなさい。

ア 憲法の公布日は5月3日で，施行日は11月3日である。

イ 天皇は日本国・日本国民統合の象徴と定められている。

ウ 国民に対して兵役の義務を課している。

エ 憲法改正することはできない。

[   ]

2 日本国憲法で定められた基本的人権について，あとの問いに答えなさい。

(1) 平等権に関連して，右の**図**は，段差をなくすバリアフリーの一例であるスロープを描いたものである。バリアフリーのように，障がいの有無にかかわらず，かかわるすべての人が参加して支え合うことを表した言葉として正しいものを，次の**ア〜エ**から1つ選びなさい。

図

ア インクルージョン **イ** ボランティア

ウ グローバル **エ** インフォームド・コンセント

[　　]

(2) 自由権は，精神の自由・身体の自由・経済活動の自由の3つに分かれている。次の**a〜c**の権利は，3つの自由権のうちどれに当てはまるか，それぞれ書きなさい。

a 学問の自由 **b** 職業選択の自由 **c** 奴隷的拘束・苦役からの自由

a [　　　　] **b** [　　　　] **c** [　　　　]

(3) 次の文は，社会権のうちの1つである生存権を保障している，日本国憲法第25条の条文である。文中の（ 　 ）に当てはまる言葉をそれぞれ書きなさい。

> すべて国民は，（ **❶** ）で文化的な（ **❷** ）の生活を営む権利を有する。

❶ [　　　　] **❷** [　　　　]

(4) 右の**図**は，北側が階段状に建設されたマンションを描いたものである。近隣の住宅への日当たりを考慮したため，このような形となっている。日本国憲法に明記されていない「新しい人権」として主張されるようになった，この権利を何と呼ぶか書きなさい。

図

[　　　　]

公民②～三権分立・社会保障～

STEP **1** 基本問題　✓ 空欄に当てはまる言葉を書きなさい。

>> ①国会・内閣・裁判所

- **国会**…主権をもつ国民が選挙で選んだ議員で組織されていることから，**❶_____**とも呼ばれる。また，**唯一の立法機関**として，さまざまな法律を定めている。二院制を採用しており，**❷_____**と参議院で構成されている。

- **内閣**…内閣総理大臣（首相）と**❸_____**で組織されている。行政機関を通して，法律で定められた物事を実施するのが主な仕事。その他，法律案や予算をつくって国会に提出したり，条約を結んだり，天皇の国事行為に対して助言と**❹_____**を与えたりする。

- **裁判所**…日本の裁判所は，最高裁判所と下級裁判所に分かれている。日本では，1つの内容について3回まで裁判を受けられる**❺_____**が採用されており，第一審から第二審に訴えることを**❻_____**，第二審から第三審に訴えることを**❼_____**という。

○ 衆議院と参議院の比較

	衆議院	参議院
定数	465人	248人
任期	4年	※6年
解散	あり	なし
選挙権	18歳以上	18歳以上
被選挙権	25歳以上	30歳以上

※3年ごとに半数を改選

ここで差がつく

○ 国会の種類

○ **常会（通常国会）**…毎年1回，1月中に召集。会期は150日間。

○ **臨時会（臨時国会）**…内閣が必要と認めたときか，いずれかの議院の総議員の4分の1以上の要求があった場合に召集。

○ **特別会（特別国会）**…衆議院解散後の総選挙の日から30日以内に召集。

○ **参議院の緊急集会**…衆議院の解散中，緊急の必要があるとき，内閣の求めで開かれる。

>> ②三権分立

図　日本における三権分立

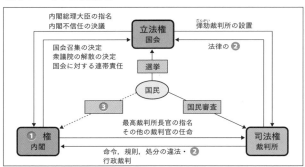

　図のように，日本では，国会・内閣・裁判所が3つに分けた国の権力を担当しており，そのうち内閣は**❶_____**権を担当している。

　3つの機関はそれぞれに影響しあっていて，例えば，裁判所から国会に対しては，国会が定めた法律が憲法に違反していないか審査する**❷_____**が行われる。さらに，主権をもつ国民も3つの機関に影響を与えていて，内閣に対しては，**❸_____**として意思表示をしている。

＞＞ ③社会保障制度

憲法第25条の①＿＿＿＿＿＿権にもとづき，次の４つが社会保障の柱。

・②＿＿＿＿＿＿＿＿…けがや病気，失業などで働けなくなり，収入がなくなることへの備え。医療保険・雇用保険・労災保険などがある。

・**公的扶助**…最低限の生活ができない人々に対して，③＿＿＿＿＿＿＿＿法にもとづき，生活費や教育費などを支給する。

・**社会福祉**…高齢者や障がいのある人々，子どもなど，社会的に弱い立場になりやすい人々を支援する。

・④＿＿＿＿＿＿…上下水道の整備や廃棄物の処理，感染症の予防などを通して，人々の健康や安全な生活を守る。

◎ 自助・公助・共助

持続可能な社会保障制度のためには，自助（自分で守る）・公助（公的機関が困った人を助ける）・共助（共に支えあう）の適切な組み合わせが必要とされている。

＞＞ ④地方自治

図1　地方財政の歳入の内訳

歳入	地方税 46.5%	① 20.0	② 16.4	地方債 7.4	その他 9.7

（2023年度,総務省資料より作成）

図2　地方自治のしくみ

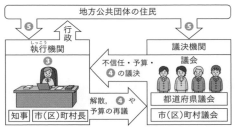

図1が示す地方財政の歳入とは，地方公共団体が一年間に得るお金のことである。内訳としては，地方税が最も多い。歳入には，地方公共団体の間の財政の格差をおさえるために国から配分される❶＿＿＿＿＿＿＿＿＿＿，特定の仕事の費用を国が一部負担する❷＿＿＿＿＿＿＿＿，地方公共団体の借金である地方債などもふくまれる。

図2が示すように地方行政の執行機関は❸＿＿＿＿＿が担い，議決機関として地方議会が置かれている。地方議会は，地方公共団体独自の法である❹＿＿＿＿＿を定めることができるが，❸はそれを拒否して審議のやり直しを求めることができる。❸も地方議会の議員も，地方公共団体の住民の❺＿＿＿＿＿によって直接選ばれている。

ここで差がつく

◎ 住民の直接請求権

	署名数	請求先
条例の制定・改廃の請求	有権者の50分の1以上	首長
監査請求	有権者の50分の1以上	監査委員
議会の解散請求	有権者の3分の1以上※1	選挙管理委員会
解職請求	有権者の3分の1以上※1	※2

※1　有権者数が40万人以下の場合

※2　議員・首長の解職請求の場合は選挙管理委員会，副知事・副市（区）町村長・各委員の解職請求の場合は首長

日本における三権分立の関係を示した次の図を見て，あとの問いに答えなさい。

図

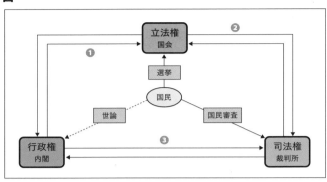

(1) 図中の国会について，毎年1回，1月中に召集される国会を何と呼ぶか書きなさい。

[　　　　　]

(2) 図中の内閣について説明した文として誤っているものを，次のア～エから1つ選びなさい。

ア　外国と条約を結んだり，予算を議決したりする。

イ　国会に対して連帯責任を負っている。

ウ　天皇の国事行為に対して助言と承認を行う。

エ　内閣総理大臣と国務大臣で構成される。

[　　]

(3) 図中の裁判所について，国民が刑事裁判に参加し，裁判官とともに有罪か無罪かなどを決める制度を何と呼ぶか書きなさい。

[　　　　　]

(4) 図中の❶～❸に当てはまるものを，次のア～エから1つずつ選びなさい。

ア　衆議院の解散の決定　　　イ　条例の制定

ウ　最高裁判所長官の指名　　エ　弾劾裁判所の設置

❶[　　]　　❷[　　]　　❸[　　]

2 地方自治について，あとの問いに答えなさい。

(1) 住民の生活に身近な民主主義を行う場であることから，地方自治は「民主主義の（　　）」と呼ばれる。（　　）に当てはまる言葉を書きなさい。

［民主主義の　　　　　　］

(2) 右の**表**は，地方自治における住民の選挙権と被選挙権が与えられる年齢についてまとめたものである。**表**中の（❶）〜（❸）に当てはまる数字を書きなさい。

❶ [　　　　]　　❷ [　　　　]

❸ [　　　　]

表

	選挙権	被選挙権
市(区)町村長	18歳以上	（❶）歳以上
都道府県の知事	18歳以上	（❷）歳以上
都道府県・市(区)町村議会の議員	18歳以上	（❸）歳以上

(3) 住民の直接請求権について説明した文として正しいものを，次の**ア〜エ**から1つ選びなさい。

ア 議会の解散請求の請求先は首長である。

イ 首長の解職請求には，有権者の50分の1以上の署名が必要である。

ウ 監査請求の請求先は選挙管理委員会である。

エ 条例の制定・改廃の請求には，有権者の50分の1以上の署名が必要である。

[　　　　]

(4) 下の**グラフ**は，2023年度の地方財政の歳入を示したものである。このうち，地方交付税交付金と国庫支出金は国から支払われるお金である。地方交付税交付金が地方公共団体に配分されている理由を，「格差」という言葉を用いて説明しなさい。

グラフ

歳入	地方税 46.5%	地方交付税交付金 20.0	国庫支出金 16.4	地方債 7.4	その他 9.7

（2023年度，総務省資料より作成）

[　　　　　　　　　　　　　　　　　　　　　　　　　]

≫ ①国民生活と経済

市場での需要と❶＿＿＿＿＿の関係を表した右の**グラフ**の**A**と**B**のうち，需要曲線は❷＿＿＿＿＿である。また，需要量と供給量が一致した**P**の価格を❸＿＿＿＿＿という。

市場で商品を提供する企業が1社だけの❹＿＿＿＿＿状態や，少数の企業だけの❺＿＿＿＿＿状態だと，競争が弱まり，企業にとって都合の良い価格が付けられてしまう。

需要曲線，供給曲線のグラフ

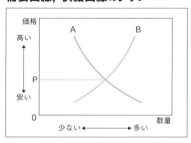

○ 公共料金

市場価格のなかには，需要と供給に関係なく決められている価格がある。代表例は生活に直結する電気やガス，水道などの料金。これらは公共料金と呼ばれ，国や地方公共団体が価格の決定や認可をしている。

≫ ②企業と銀行，為替(かわせ)

図1　株式会社のしくみ

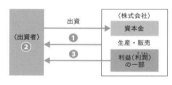

図2　銀行のはたらき

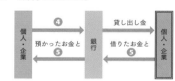

図1のように株式会社は，出資を受ける代わりに❶＿＿＿＿＿を発行する。❶を得た❷＿＿＿＿＿は，利益（利潤）の一部を❸＿＿＿＿＿として受け取れる。

図2のように銀行は，個人や企業の貯蓄(ちょちく)を❹＿＿＿＿＿として集め，別の個人や企業に貸し出す。銀行からお金を借りた側は，返済時(へんさい)に❺＿＿＿＿＿を支払う。

ここで差がつく

○ 円高と円安

○ 円高…外貨に対する円の価値が高まること。

○ 円安…外貨に対する円の価値が低くなること。

「1ドル＝100円」が，1ドル＝90円になることが円高，1ドル＝110円になることが円安。

≫ ③財政と税

税金にはさまざまな種類があり，まず，国に納める❶＿＿＿＿＿と，地方公共団体に納める❷＿＿＿＿＿に分けられる。さらに，税金を納める人と，実際に税金を負担する人が同じである❸＿＿＿＿＿と，異なる❹＿＿＿＿＿に分けられる。❸にふくまれる所得税や相続税では，所得や財産が多い人ほど税率が高くなる❺＿＿＿＿＿が採用されている。❹の代表的なものとして，商品やサービスを購入した際に支払う❻＿＿＿＿＿があげられる。

○ 主な税金

○ 直接税…所得税，法人税，相続税，贈与(ぞうよ)税，自動車税。

○ 間接税…消費税，酒税，たばこ税，関税，入湯税。

>> ④国際連合

右の図は，国際連合のしくみを表したものである。❶＿＿＿＿＿はすべての加盟国で構成される。❷＿＿＿＿＿＿＿＿理事会は，5カ国の❸＿＿＿＿＿＿と，10カ国の❹＿＿＿＿＿で構成される。

国際連合にはさまざまな専門機関が置かれており，代表的なものに，教育の普及や文化遺産の保護などを行う❺＿＿＿＿＿＿＿＿＿＿や，子どもの命と権利を守るための活動をしている❻＿＿＿＿＿＿＿＿＿がある。

国際連合のしくみ

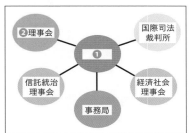

>> ⑤国際社会のなかの日本

日本が参加する国際貢献の活動には，紛争（ふんそう）地域に人員を派遣し，停戦や選挙の監視などを行う❶＿＿＿＿＿＿＿＿＿＿＿や，途上国（とじょうこく）に対して資金や技術の支援を行う❷＿＿＿＿＿＿＿＿＿＿があげられる。

さらに，政府主導の活動とは別に，国境をこえて活動する非営利の民間組織である❸＿＿＿＿＿＿＿＿も国際的に活躍している。

地球環境（かんきょう）問題に対しても，国際協力が行われている。二酸化炭素などの温室効果ガスが増えることで起こるとされる❹＿＿＿＿＿＿＿への対応がなされている。1997年には，先進国に温室効果ガスの排出量（はいしゅつりょう）削減（さくげん）を義務づけた❺＿＿＿＿＿＿＿＿＿が採択（さいたく）されたが，アメリカの離脱などもあり，大きな成果には至らなかった。それを受けて，2015年に採択された❻＿＿＿＿＿＿では，途上国をふくむ各国・地域が温室効果ガスの排出量削減に取り組むこととした。

右のグラフは，世界の二酸化炭素の排出量を国・地域別に示したものである。グラフ中の**A〜E**のうち，中国を示すものは❼＿＿＿＿＿，EUを示すものは❽＿＿＿＿＿である。

世界の二酸化炭素の排出量

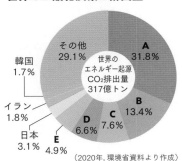

（2020年，環境省資料より作成）

ここで差がつく

◎ 国連の常任理事国

アメリカ合衆国・ロシア連邦・イギリス・フランス・中国の5カ国。
常任理事国には拒否権（きょひ）という強い権限があり，5カ国のうち1カ国でも反対すると，その決議は採択されない。そのため，重要な問題は，1カ国でも反対すると決定できないことがある。

◎ 地域主義の動き

国際連合での活動をはじめとするグローバルな動きがある一方で，特定の地域で複数の国がまとまって協力関係を強める地域主義的な動きも加速していった。代表的な地域主義の体制は以下のとおり。

◉ ヨーロッパ連合（EU）

◉ 東南アジア諸国連合（ASEAN）

◉ アジア太平洋経済協力会議（APEC）

◉ アフリカ連合（AU）

◉ 米国・メキシコ・カナダ協定（USMCA）

◉ 南米南部共同市場（MERCOSUR）

DAY
7

1 次の図を見て，あとの問いに答えなさい。

図1

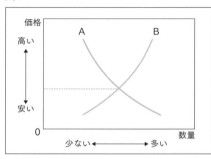

図2

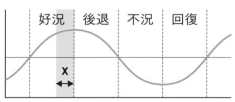

(1) 図1は市場における需要量と供給量の関係を表したグラフである。ある商品について，需要量は変わらない一方で供給量が減った場合，グラフはどのように動いて価格はどうなるか。正しいものを，次のア〜エから1つ選びなさい。

　ア　Aが左に移動して価格は下がる　　　イ　Aが右に移動して価格は上がる
　ウ　Bが左に移動して価格は上がる　　　エ　Bが右に移動して価格は下がる

[　　　　]

(2) 電気やガス，水道などの料金は，国民の生活への影響が大きいため，国や地方公共団体が価格の決定・認可をしている。こうした料金を何と呼ぶか書きなさい。

[　　　　]

(3) 図2は景気変動を表したものである。図2中のXの期間に起こることとして誤っているものを，次のア〜エから1つ選びなさい。

　ア　雇用が増える　　イ　生産が増える　　ウ　物価が上がる　　エ　在庫が増える

[　　　　]

(4) 景気の極端な変動を抑えるため，日本銀行は金融政策を行っている。日本銀行がもつ3つの役割は，「政府の銀行」「銀行の銀行」とあと1つは何か，書きなさい。

[　　　　]

2 **右の図は，国際連合のしくみを示したものである。あとの問いに答えなさい。**

(1) 国際連合は，世界の平和を維持するため，紛
　　争地域に人員を派遣して，停戦や選挙の監視な
　　どの活動を行っている。この活動の略称として
　　正しいものを，次の**ア〜エ**から1つ選びなさい。
　　ア　NGO
　　イ　UNICEF
　　ウ　PKO
　　エ　ASEAN

図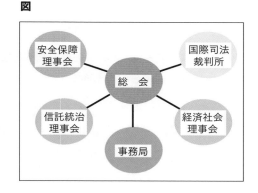

[　　　　]

(2) **図**中の安全保障理事会は，5カ国の常任理事国と10カ国の非常任理事国で構成されてい
　　る。このうち，常任理事国はある権利をもっており，5カ国のうち1カ国でも反対すると決
　　議を採択できない。この権利を何と呼ぶか書きなさい。

[　　　　　　　　]

(3) **図**中の総会では，加盟国すべてが参加してさまざまなことを話しあっている。そのなかで
　　取り上げられる，先進国と途上国との間の経済格差や，そこから生じる問題を何と呼ぶか
　　書きなさい。

[　　　　　　　　]

(4) 近年は，国際連合でのグローバルな活動とは別に，特定の地域で複数の国がまとまって
　　協力関係を強める動きも見られている。この動きを地域主義（リージョナリズム）といい，
　　ヨーロッパ連合（EU）もその1つである。ヨーロッパ連合について説明した文として誤っ
　　ているものを，次の**ア〜エ**から1つ選びなさい。
　　ア　スイスは加盟していない。
　　イ　共通通貨のユーロは，すべての加盟国で使用されている。
　　ウ　加盟国間の経済格差が深刻な問題となっている。
　　エ　かつて加盟していたイギリスは，2020年に離脱した。

[　　　　]

① 夏美さんは，世界の国々を調べる授業で，略地図Ⅰ中のＡ国～Ｄ国や日本に関連することについて，地図や資料を使って調べました。あとの問いに答えなさい。〈山形県〉

(1) **略地図Ⅰ**中の**Ａ国～Ｄ国**の首都の位置は，**略地図Ⅱ**中の❶～❹のいずれかに対応しています。東京からみた首都の方位が，8方位で示すと東にあたる国はどれか，最も適切なものを，国の記号**Ａ～Ｄ**で答えなさい。

[　　　　]

略地図Ⅰ

略地図Ⅱ

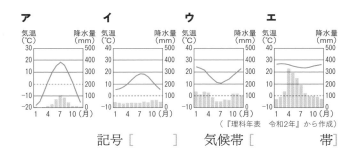

(2) 次は，夏美さんが**略地図Ⅰ**中の**Ｂ国**の首都の気候についてまとめたものです。あとの問いに答えなさい。

❶ 　**Ｘ**　に当てはまる言葉を書きなさい。

[　　　　　　　　]

> **Ｂ国**の首都は，　**Ｘ**　ので，東京と季節が逆になる。しかし，世界の気候を，熱帯，乾燥帯，温帯，亜寒帯，寒帯と大きく五つの気候帯に区分したときには，どちらも同じ気候帯に属している。

❷ **Ｂ国**の首都の雨温図を表したグラフとして適切なものを，右の**ア～エ**から1つ選び，記号で答えなさい。また，その気候帯の名前を書きなさい。

ア　　　　　イ　　　　　ウ　　　　　エ

（『理科年表　令和2年』から作成）

記号[　　　]　気候帯[　　　帯]

(3) **資料**は，**略地図Ⅰ**中の**Ａ国～Ｄ国**と日本を比較するために，年齢別人口の割合などについてまとめたものです。**ア～エ**は，**Ａ国～Ｄ国**のいずれかです。**Ｄ国**にあたるものを，**ア～エ**から1つ選び，記号で答えなさい。

[　　　　]

資料

	年齢別人口の割合（％）			小麦の生産量（千t）	輸出額に占める輸送機械の割合（％）
	0～14歳	15～64歳	65歳以上		
ア	15.0	66.8	18.3	497	1.6
イ	24.7	64.1	11.2	18,518	7.8
ウ	26.5	66.2	7.2	2,943	26.5
エ	34.2	61.9	3.9	8,800	0.4
日本	12.2	59.7	28.1	765	23.2

（2018年，『世界国勢図会　2020/21年版』などから作成）

② 都道府県を調べる授業で，優さんは中国・四国地方について調べました。地図や資料は，そのときまとめたものです。次の問いに答えなさい。〈山形県〉

(1) 都道府県は，地形の特色などから，さまざまな地域に区分されることがあります。次の**ア～オ**の地域区分のうち，中国・四国地方の県をふくむものをすべて選び，記号で答えなさい。

ア 瀬戸内　　**イ** 北陸　　**ウ** 中央高地
エ 山陰　　**オ** 東海

[　　　　　　]

略地図

(2) **資料Ⅰ**は，**略地図**中の，**A**の県の県庁所在地を流れる川の河口部の様子です。**資料Ⅰ**にみられるような，河口部に，川が運んできた細かい土砂が堆積してできた地形のことを何というか，次の**ア～エ**から1つ選び，記号で答えなさい。

ア 扇状地　　**イ** 三角州　　**ウ** 盆地　　**エ** 台地

[　　　　]

資料Ⅰ

(3) **資料Ⅱ**は，東京都中央卸売市場における，なすの月別取扱量と，月別平均価格を表しています。次は，優さんが，**資料Ⅱ**をふまえて，**略地図**中の**B**の県のなすの栽培についてまとめたものです。あとの問いに答えなさい。

> **B**の県では，温暖な気候を生かし，温室を利用して出荷時期を早めて販売できるようにする　**a**　が行われている。このような栽培方法により，**B**の県では，東京都中央卸売市場において，なすの　**b**　時期に，多くのなすを出荷できていると考えられる。

❶ **a** に当てはまる栽培方法を書きなさい。

[　　　　　　栽培]

❷ **b** に当てはまる言葉を，供給量，価格の2つの語を用いて書きなさい。

[　　　　　　　　　　　　　　　　　　]

資料Ⅱ

取扱量（t）　　　　平均価格（2018年）（円/kg）

■ **B**の県産の，なすの取扱量
□ **B**の県産以外の，なすの取扱量
（東京都中央卸売市場のホームページから作成）

③ 次の略年表は，さゆりさんが，19世紀半ば以降の日本と世界の主なできごとを調べ，まとめたものである。これに関して，あとの問いに答えなさい。〈千葉県〉

(1) 略年表中の下線部**a**に関連して，次の**資料**は，さゆりさんが，大政奉還が行われた翌年に新政府が示した新たな政治方針についてまとめたレポートの一部である。**資料**中の　　　に当てはまる語として正しいものを，次の**ア〜エ**から1つ選びなさい。

ア 王政復古の大号令
イ 五箇条の御誓文
ウ 大日本帝国憲法
エ 民撰議院設立の建白書

略年表

年代	日本の主なできごと	年代	世界の主なできごと
1867	**a** 大政奉還が行われる		
		1871	ドイツ帝国が成立する
1894	日清戦争が起こる		
	↕ **A**	1900	義和団事件が起こる
1904	日露戦争が起こる	1907	三国協商が結ばれる
1912	第一次護憲運動が起こる	1914	**b** 第一次世界大戦が起こる
		1919	ベルサイユ条約が結ばれる

資料　さゆりさんのレポートの一部

> 一　広ク会議ヲ興シ万機公論ニ決スベシ
>
> 　1868年3月，新政府は，　　　を発表し，会議を開いて世論に基づいた政治を行うことなどを，新たな政治の方針として示した。

[　　]

(2) 略年表中の**A**の時期に起こったことがらとして正しいものを，次の**ア〜エ**から1つ選びなさい。

ア 25歳以上のすべての男子に，衆議院議員の選挙権が与えられた。
イ 福岡県に建設された官営の八幡製鉄所で，鉄鋼の生産が始まった。
ウ 6歳以上のすべての男女が，小学校で教育を受ける学制が公布された。
エ 日本は，南満州鉄道株式会社（満鉄）を設立した。

[　　]

(3) 略年表中の下線部**b**に関連して，次の文章は，第一次世界大戦の始まりについて述べたものである。文章中の　**Ⅰ**　，　**Ⅱ**　に当てはまる語の組み合わせとして正しいものを，次の**ア〜エ**から1つ選びなさい。

> 　1914年，オーストリアの皇太子夫妻が，サラエボで　**Ⅰ**　の青年によって暗殺される事件が起こった。これがきっかけとなり，オーストリア，ドイツ，トルコなどの　**Ⅱ**　側とイギリス，フランス，ロシアなどの連合国側との間で，第一次世界大戦が始まった。

ア Ⅰ：セルビア　Ⅱ：同盟国　　**イ** Ⅰ：ルーマニア　Ⅱ：同盟国
ウ Ⅰ：セルビア　Ⅱ：枢軸国　　**エ** Ⅰ：ルーマニア　Ⅱ：枢軸国

[　　]

④ **人権の尊重と日本国憲法について，あとの問いに答えなさい。**〈新潟県〉

(1) 右の資料は，1989年に国際連合で
採択され，我が国では1994年に批准
された条約の一部である。この条約
を何というか。その名称を書きなさい。

> 締約国は，自己の意見を形成する能力のある児童がその児童に影響を及ぼすすべての事項について自由に自己の意見を表明する権利を確保する。

[　　　　　　]

(2) 次の表は，日本国憲法で保障された基本的人権と，その基本的人権が公共の福祉により制限される例を示したものである。表中の **X** に当てはまる語句として正しいものを，次の**ア～エ**から1つ選びなさい。

ア 生存権　　**イ** 請求権
ウ 身体の自由　**エ** 表現の自由

基本的人権	公共の福祉により制限される例
X	他人の名誉を傷つける行為の禁止
職業選択の自由	医師免許を持たない者の医療行為の禁止
財産権	不備な建築の禁止

[　　　]

⑤ **財政の役割と課題について，あとの問いに答えなさい。**

(1) 資料の下線部**a**について，我が国の主な税のうち，直接税として正しいものを，次の**ア～オ**から1つ選びなさい。

ア 揮発油税　　**イ** 消費税
ウ 関税　**エ** 相続税　**オ** 入湯税

> 財政の主な役割は3つある。
> ・民間企業だけでは十分に供給できない，社会資本や公共サービスを供給することなどにより，資源の配分を調整する。
> ・**a**直接税について累進課税の方法をとったり，社会保障政策の充実をはかったりすることなどにより，所得の格差を調整する。
> ・ **X** のときは，公共事業などへの**b**歳出を減らしたり，増税したりすることで，企業や家計の経済活動を **Y** ことをめざすなど，景気の安定化をはかる。

[　　　]

(2) 資料の文中 **X** ， **Y** に当てはまる語句の組み合わせとして正しいものを，次の**ア～エ**から1つ選びなさい。

ア [**X** 好況（好景気），**Y** 活発にする]　**イ** [**X** 好況（好景気），**Y** おさえる]
ウ [**X** 不況（不景気），**Y** 活発にする]　**エ** [**X** 不況（不景気），**Y** おさえる]

[　　　]

(3) 資料の下線部**b**について，右のグラフは，我が国の平成22（2010）年度及び令和2（2020）年度の，一般会計歳出の内訳の割合を示したものである。グラフ中の**ア～エ**は，公共事業関係費，国債費，社会保障関係費，防衛関係費のいずれかである。このうち，社会保障関係費として正しいものを，グラフ中の**ア～エ**から1つ選びなさい。

[　　　]

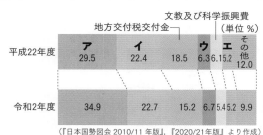

（『日本国勢図会 2010/11 年版』，『2020/21 年版』より作成）

① 世界と日本の地理について，あとの問いに答えなさい。〈島根県〉

(1) **略地図1**について，次の❶〜❷に答えなさい。

略地図1

写真1　高地で暮らす人とアルパカ

❶ **写真1**が撮影された場所として正しいものを，**略地図1**中の**ア〜エ**から1つ選びなさい。

[　　　]

❷ 本初子午線（経度0度）を表す経線として正しいものを，**略地図1**中の**カ〜ケ**から1つ選びなさい。

[　　　]

(2) アメリカ合衆国の工業について，近年**グラフ1**のように，南部や太平洋岸での工業生産額の割合が高くなっている。そのうち，太平洋岸の工業生産額の割合が高くなっている理由の1つを，**写真2**などに関係する具体的な産業名にもふれて，30字以内で答えなさい。ただし，**A社**などの企業が集まる，**略地図2**中のサンフランシスコ郊外の で示す地区の通称を必ず入れること。

略地図2　アメリカ合衆国の地域区分

グラフ1　アメリカ合衆国における地域別工業生産額の割合の変化

	中西部	北東部	南部	太平洋岸 11.0	山岳地域 1.7
1960年 1640億ドル	35.5%	31.6	20.2		
2016年 2兆4090億ドル	30.8%	14.1	36.2	14.5	4.4

（アメリカ国勢調査局資料より作成）

写真2　A社の製品

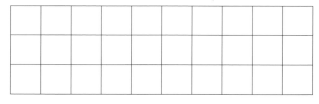

(3) **写真3**は，長野県のレタス生産地の様子である。**グラフ2**，**グラフ3**を参考に，その特色を45字以内で1つあげなさい。ただし，気候の特徴と，静岡県や茨城県の出荷時期をふまえて答えること。

写真3

グラフ2　主なレタス生産地の月別平均気温

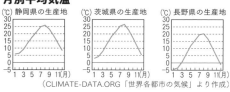

（CLIMATE-DATA.ORG「世界各都市の気候」より作成）

グラフ3　東京へ出荷されるレタスの量（2019年）

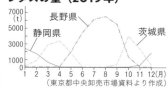

（東京都中央卸売市場資料より作成）

② あとの問いに答えなさい。〈広島県〉

(1) 右の**地形図**について，高速道路が扇状地で弧を描くように通っていることに着目し，次のようにまとめました。まとめの中の □ に当てはまる適切な語は何ですか。**地形図**をもとに書きなさい。

まとめ
地形図中の高速道路が扇状地で弧を描くように通っているのは，道路の高低差を小さくするために，扇状地の地形に合わせて，□ に沿ってつくられているからである。

[　　　　　　　　　　]

（国土地理院発行2万5千分1地形図「石和」より） ※107％拡大

(2) 2009年のアメリカ，ドイツ，日本のそれぞれの国において，人が国内を移動する際に利用する主な交通機関の割合を調べ，次の**グラフ**を作成しました。**グラフ**中の A と B のうち，日本が当てはまるのはどちらか，記号を答えなさい。また，その記号を選んだ理由を，あとの**地図Ⅰ・Ⅱ**をもとに簡潔に書きなさい。

グラフ

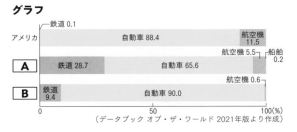

（データブック オブ・ザ・ワールド 2021年版より作成）

地図Ⅰ

地図Ⅱ

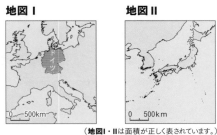

（**地図Ⅰ・Ⅱ**は面積が正しく表されています。）

記号 [　　]

理由 [　　　　　　　　　　　　　　　　　　　　　　　　　　　]

③ あとの問いに答えなさい。〈佐賀県〉

(1) 1世紀の世界各地の様子を述べた文として正しいものを，次のア〜エから1つ選びなさい。

　ア　メソポタミアでは神殿を中心に都市が誕生し，くさび形文字が発明された。

　イ　ギリシアではポリスと呼ばれる都市国家が多く誕生し，民主政治が行われた。

　ウ　ローマ帝国は，水道などの施設や道路網を整備するなど高度な文明を築いた。

　エ　ヨーロッパでは，人間のいきいきとした姿を文学や美術で表現するルネサンス（文芸復興）がおこった。　　　　　　　　　　　　　　[　　　　　]

(2) 天平文化と，その後に生まれた国風文化の特徴を考えるため，それぞれの文化を代表する作品を1つずつ選んだ。これらの作品について述べた文として正しいものを，次のア〜エから1つ選びなさい。

　ア　写真Ⅰにはラクダが表現されており，アメリカ大陸の文化の影響を受けている。

　イ　写真Ⅰは，奈良時代につくられた東大寺の金色堂の中に保管されている。

　ウ　写真Ⅱに見られるような仮名文字を使って書かれた文学作品には，他に『万葉集』がある。

　エ　写真Ⅱに見られるような仮名文字が発達し，自分の考えや感情を書き表しやすくなった。　　　　　[　　　　　]

天平文化
写真Ⅰ
螺鈿紫檀五絃琵琶

国風文化
写真Ⅱ 土佐日記

(3) 次の**説明文**は平清盛の政治についてまとめたものである。**説明文**中の　　　　に当てはまる内容を簡潔に書きなさい。

説明文　平清盛は，大輪田泊（兵庫の港）を整備して　　　　を行った。その利益は，平氏政権の重要な経済的基盤となった。

[　　　　　　　　　　　　　　　　]

(4) 室町時代に，さまざまな職業が生まれた理由として考えられることを次の**図**にまとめた。**図**の　　　　に当てはまる一年間の土地利用を工夫した農業の方法を何というか，書きなさい。

図
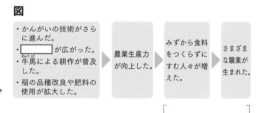
・かんがいの技術がさらに進んだ。
・　　　　が広がった。
・牛馬による耕作が普及した。
・稲の品種改良や肥料の使用が拡大した。
→ 農業生産力が向上した。→ みずから食料をつくらずにすむ人々が増えた。→ さまざまな職業が生まれた。

[　　　　　]

(5) 次の**a〜d**は江戸幕府の政治についての記述である。正しく述べた文の組み合わせとして正しいものを，下の**ア〜エ**から1つ選びなさい。

a　主要な鉱山を直接支配し，貨幣を発行する権利を握った。

b　将軍の補佐をする大老に常に権力を集中させ，中央集権体制をとった。

c　大阪や長崎などの都市をはじめ，全国に多くの直轄地を持った。

d　将軍と大名は御恩と奉公の関係で結ばれ，大名は毎年参勤交代を行った。

ア　a・c　　**イ**　a・d　　**ウ**　b・c　　**エ**　b・d　　[　　　　　]

④ あとの問いに答えなさい。〈茨城県〉

(1) 地方公共団体と国の政治のしくみについて説明した文として正しいものを，**資料1**を参考にして，下の**ア〜エ**から1つ選びなさい。

資料1　地方公共団体と国の政治のしくみ

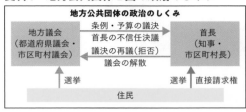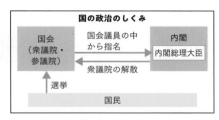

ア 地方公共団体の政治では直接請求権が認められているが，国の政治では認められていない。

イ 地方公共団体の住民は首長を，国民は内閣総理大臣を選挙で直接選べる。

ウ 地方議会も国会もともに二院制が採用されている。

エ 首長は地方議会の解散の権限はないが，内閣は衆議院の解散の権限がある。

[　　　　　]

(2) 政府と家計，企業の関係を示した**資料2**中の**a，b，c**の説明の組み合わせとして正しいものを，次の**ア〜カ**から1つ選びなさい。

資料2　政府と家計，企業の関係

ア a 賃金を支払う　　b 公共サービスを提供する　　c 税金を納める

イ a 賃金を支払う　　b 税金を納める　　c 公共サービスを提供する

ウ a 税金を納める　　b 賃金を支払う　　c 公共サービスを提供する

エ a 税金を納める　　b 公共サービスを提供する　　c 賃金を支払う

オ a 公共サービスを提供する　　b 税金を納める　　c 賃金を支払う

カ a 公共サービスを提供する　　b 賃金を支払う　　c 税金を納める　[　　　　]

(3) **資料3**は，2018年6月に国連の安全保障理事会で決議できなかった，ある重要な決議案に賛成した国，反対した国，棄権した国の内訳を示したものである。この決議案が決議できなかった理由を示した下の文中 **a** に当てはまる国名と **b** に当てはまる語の組み合わせとして正しいものを，次の**ア〜エ**から1つ選びなさい。ただし，**a** には同じ国名が入る。

ア a アメリカ b 司法権

イ a ドイツ b 司法権

ウ a アメリカ b 拒否権

エ a ドイツ b 拒否権

[　　　　　]

資料3　国連の安全保障理事会におけるある重要な決議案の投票結果

賛成（10）	反対（1）	棄権（4）
クウェート，フランス，ロシア，中国，ペルー，コートジボワール，カザフスタン，赤道ギニア，ボリビア，スウェーデン	a	イギリス，オランダ，ポーランド，エチオピア

決議できなかった理由

常任理事国としての **b** をもつ **a** が反対したからである。

地理

>> 世界の宗教

◎三大宗教

キリスト教
聖地：エルサレム
教典：「聖書」
日曜日に教会に行き，礼拝に参加する。クリスマスはキリスト教にゆかりのある行事。

イスラム教
聖地：メッカ
教典：「コーラン（クルアーン）」
1日5回メッカに向かっていのる。飲酒や豚肉を食べることが禁じられている。

仏教
聖地：ブッダガヤ　など
教典：「経」
仏教徒の男性は一生に一度出家し，僧侶となり修行をすることがある。

◎世界の宗教の人口と分布図

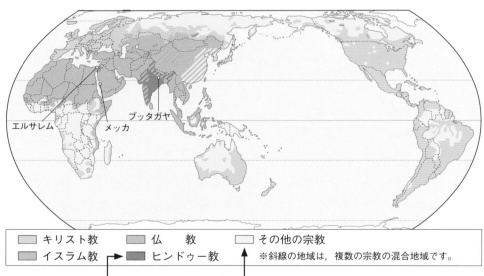

エルサレム　メッカ　ブッダガヤ

□ キリスト教　□ 仏　教　□ その他の宗教
□ イスラム教　■ ヒンドゥー教　※斜線の地域は，複数の宗教の混合地域です。

ヒンドゥー教
インドやその周辺国で多く信仰されている宗教。牛を神聖な動物と考えており，牛肉は食べない。また，殺生をよしとしない。

その他の宗教
日本で信仰される神道や，ユダヤ教のように，ある民族やある地域にそれぞれ根付いた宗教などが含まれる。日本では思想として儒教の考え方も根付いている。

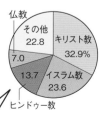

仏教
その他
22.8
キリスト教
32.9%
7.0
13.7
イスラム教
23.6
ヒンドゥー教

ヒンドゥー教は世界で最も人口の多いインドで信仰されているため，三大宗教ではないが世界の人口割合が高い！

≫ 日本の交通

○ 日本の新幹線

東京・大阪間の移動時間の変化

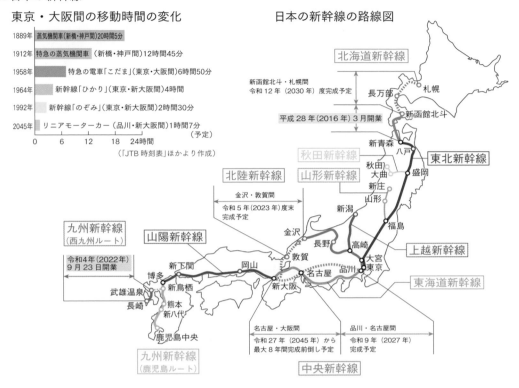

- 1889年　蒸気機関車(新橋・神戸間)20時間5分
- 1912年　特急の蒸気機関車（新橋・神戸間）12時間45分
- 1958年　特急の電車「こだま」(東京・大阪間)6時間50分
- 1964年　新幹線「ひかり」(東京・新大阪間)4時間
- 1992年　新幹線「のぞみ」(東京・新大阪間)2時間30分
- 2045年　リニアモーターカー（品川・新大阪間）1時間7分（予定）

0　6　12　18　24時間

（「JTB 時刻表」ほかより作成）

日本の新幹線の路線図

北海道新幹線

新函館北斗・札幌間
令和12年（2030年）度完成予定

平成28年（2016年）3月開業

札幌
長万部
新函館北斗
新青森
八戸　東北新幹線
秋田
大曲　盛岡
新庄
山形
新潟
福島

秋田新幹線　山形新幹線

北陸新幹線

金沢・敦賀間
令和5年（2023年）度末完成予定

金沢
長野　高崎
敦賀　大宮
品川　東京
名古屋
新大阪

上越新幹線

東海道新幹線

九州新幹線
（西九州ルート）

山陽新幹線

令和4年（2022年）
9月23日開業

博多　新下関
武雄温泉　新鳥栖　岡山
長崎　熊本
新八代
鹿児島中央

九州新幹線
（鹿児島ルート）

名古屋・大阪間
令和27年（2045年）から
最大8年間完成前倒し予定

品川・名古屋間
令和9年（2027年）
完成予定

中央新幹線

○ 日本の高速道路

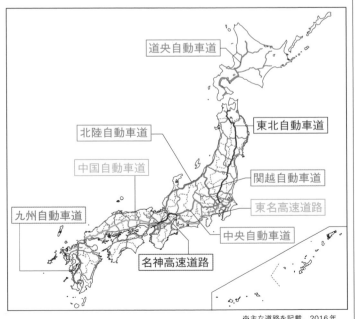

道央自動車道
東北自動車道
北陸自動車道
関越自動車道
中国自動車道
東名高速道路
九州自動車道
中央自動車道
名神高速道路

※主な道路を記載、2016年
（日本自動車連盟資料などより）

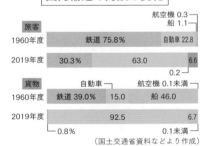

国内輸送の内訳の変化

旅客
- 1960年度　鉄道 75.8%　自動車 22.8　航空機 0.3　船 1.1
- 2019年度　30.3%　63.0　6.6　0.2

貨物
- 1960年度　鉄道 39.0%　自動車 15.0　船 46.0　航空機 0.1未満
- 2019年度　0.8%　92.5　6.7　0.1未満

（国土交通省資料などより作成）

1960年代から，日本では新幹線をはじめとする鉄道，高速道路，航空などの交通網が発達した。とりわけ高速道路の発達により，輸送においては旅客・貨物ともに自動車の割合が大きく増えている。また，国内の旅客輸送では航空機の割合も増えている。重いものを運ぶことの多い貨物輸送では，船の割合も高い。

歴史

≫ 1889年以降の選挙権の移り変わり

年代	選挙にまつわるできごと
1889年	衆議院議員選挙法が公布される 　　有権者:「満25歳以上，直接国税15円以上を納める男子」
1890年	日本で最初の衆議院議員選挙が行われる
1900年	衆議院議員選挙法が改正される 　　有権者:「満25歳以上，直接国税10円以上を納める男子」
1919年	衆議院議員選挙法が改正される 　　有権者:「満25歳以上，直接国税3円以上を納める男子」
1925年	加藤高明内閣によって普通選挙法が成立する 　　有権者:「満25歳以上のすべての男子」
1945年	GHQによって選挙法が改正される 　　有権者:「満20歳以上のすべての男女」
2015年	公職選挙法が改正される 　　有権者:「満18歳以上のすべての男女」

> このときの投票率は約94%！

> 初めて納税額による制限がなくなったことで1919年のころの有権者数と比べると約4倍に増加

> 日本で初めて女性にも参政権が与えられ，1925年のころの有権者数と比べると約2倍に増加

普通選挙法の制定

日本では，1925年に初めて有権者に納税額による制限を設けない「普通選挙法」が成立したが，同時に「治安維持法」も制定された。新たに選挙権を得た有権者によって，政治の場に共産主義が広まる恐れがあると考えた政府は，「治安維持法」によって共産主義者や社会運動の取りしまりを行った。

有権者数の推移

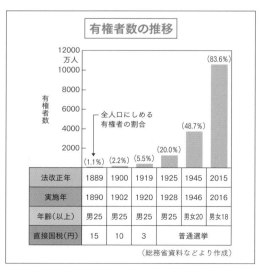

法改正年	1889	1900	1919	1925	1945	2015
実施年	1890	1902	1920	1928	1946	2016
年齢(以上)	男25	男25	男25	男25	男女20	男女18
直接国税(円)	15	10	3	普通選挙		

（総務省資料などより作成）

≫ 歴史地図

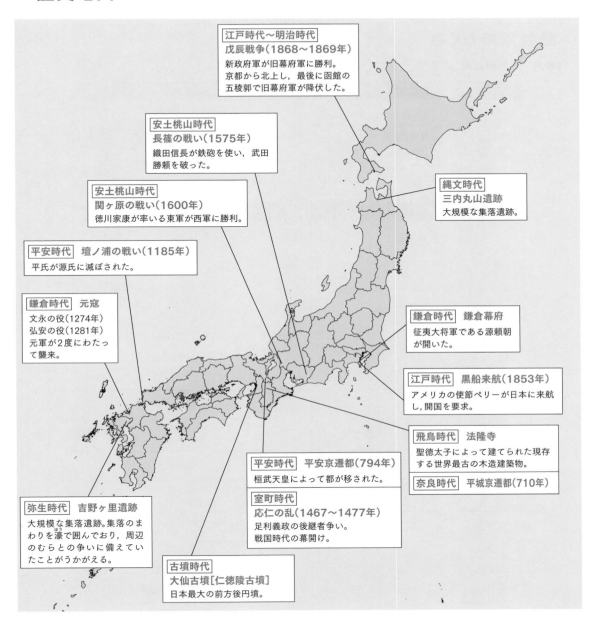

江戸時代～明治時代
戊辰戦争（1868～1869年）
新政府軍が旧幕府軍に勝利。
京都から北上し，最後に函館の
五稜郭で旧幕府軍が降伏した。

安土桃山時代
長篠の戦い（1575年）
織田信長が鉄砲を使い，武田
勝頼を破った。

安土桃山時代
関ヶ原の戦い（1600年）
徳川家康が率いる東軍が西軍に勝利。

縄文時代 三内丸山遺跡
大規模な集落遺跡。

平安時代 壇ノ浦の戦い（1185年）
平氏が源氏に滅ぼされた。

鎌倉時代 元寇
文永の役（1274年）
弘安の役（1281年）
元軍が2度にわたっ
て襲来。

鎌倉時代 鎌倉幕府
征夷大将軍である源頼朝
が開いた。

江戸時代 黒船来航（1853年）
アメリカの使節ペリーが日本に来航
し，開国を要求。

飛鳥時代 法隆寺
聖徳太子によって建てられた現存
する世界最古の木造建築物。

奈良時代 平城京遷都（710年）

平安時代 平安京遷都（794年）
桓武天皇によって都が移された。

室町時代
応仁の乱（1467～1477年）
足利義政の後継者争い。
戦国時代の幕開け。

弥生時代 吉野ヶ里遺跡
大規模な集落遺跡。集落のま
わりを濠で囲んでおり，周辺
のむらとの争いに備えてい
たことがうかがえる。

古墳時代
大仙古墳[仁徳陵古墳]
日本最大の前方後円墳。

公民

》》 裁判所のしくみ

○ 民事裁判と刑事裁判のしくみ

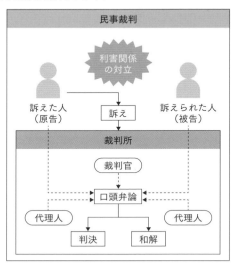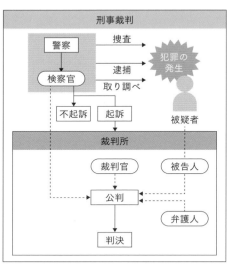

○ 三審制のしくみ

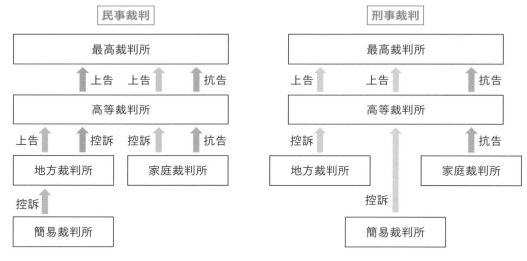

刑事裁判では，国民が裁判員として参加する裁判員制度が2009年から開始されました。くじと面接で選ばれた裁判員は，殺人や強盗致死などの重大な刑事裁判の第一審に参加し，裁判官と話し合い，有罪か無罪か，有罪の場合はどのような刑罰にするのかを決定します。左図のように，原則として6人の裁判員と3人の裁判官で行います。

>> 選挙のしくみ

○日本の選挙制度

・**小選挙区制**…1つの選挙区から1人の代表を選出する。

・**大選挙区制**…1つの選挙区から2人以上を，得票の多い順に選出する。

・**比例代表制**…各政党の得票に応じて，それぞれの政党に議席を配分する。

○衆議院と参議院の選挙

・**衆議院**…小選挙区制と比例代表制を組み合わせた小選挙区比例代表並立制。

・**参議院**…選挙区制と比例代表制。

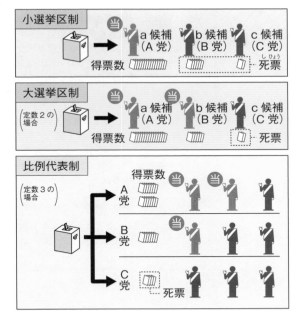

	衆議院	参議院
議員定数	465人 小選挙区　289人 比例代表　176人	248人 選挙区　148人 比例代表　100人
選挙区	小選挙区：全国を289区とする 比例代表：全国を11区とする	選挙区：都道府県を単位とする（合区あり） 比例代表：全国を1区とする
任期	4年 解散あり	6年（3年ごとに半数を改選する） 解散なし
選挙権	18歳以上	18歳以上
被選挙権	25歳以上	30歳以上

※参議院議員通常選挙の方が選挙区が広いため，選挙運動期間が長い。

・地方自治のしくみ

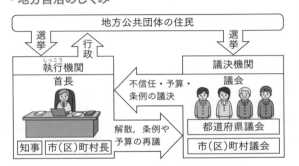

・地方自治における住民の直接請求権

	必要な署名	請求先
条例の制定・改廃の請求	有権者の 50分の1以上	首長
監査請求		監査委員
議員・首長の解職請求／議会の解散請求	有権者の 3分の1以上 ※有権者数が40万人以下の場合	選挙管理委員会
主要な公務員の解職請求		首長

監修　玉田 久文

スタディサプリ講師。
1980年、兵庫県生まれ。大学時代から兵庫県の学習塾で教壇に立つ。
大学卒業後は外食産業に就職するが、数年後に香川県で塾業界に戻る。
2006年より、中学受験専門塾の社会科講師として、首都圏の学習塾で活躍。
2010年に独立し、現在は神奈川県横浜市で少人数専門の中学受験専門塾
を経営している。2015年から、スタディサプリ小学講座・中学講座で社会
科を担当。
「社会は興味を持てばすぐに得意科目になる」という考えのもと、生徒が興味
を持つ楽しい授業を展開し、好評を得る。
著書・監修書に『中学入試にでる順 社会 地理』『中学入試にでる順 社会
歴史』（以上、KADOKAWA）、『中学社会のなぜ?が1冊でしっかりわかる本』
（かんき出版）、『桃太郎電鉄でポイント135 日本地理まるわかり大図鑑』（講
談社）などがある。

高校入試　7日間完成
塾で教わる
中学3年分の総復習　社会
2023年11月10日　初版発行

監修／玉田 久文

発行者／山下 直久

発行／株式会社KADOKAWA
〒102-8177　東京都千代田区富士見2-13-3
電話0570-002-301（ナビダイヤル）

印刷所／株式会社加藤文明社印刷所

製本所／株式会社加藤文明社印刷所

●お問い合わせ
https://www.kadokawa.co.jp/（「お問い合わせ」へお進みください）
※内容によっては、お答えできない場合があります。
※サポートは日本国内のみとさせていただきます。
※Japanese text only

高校入試
7日間完成

塾で教わる

中学**3**年分
の総復習

社会

解答・解説

この別冊を取り外すときは、本体からていねいに
引き抜いてください。なお、この別冊抜き取りの際
に損傷が生じた場合のお取り替えはお控えください。

地理①〜世界と日本〜

STEP 1 基本問題

解答

1. ❶熱帯
   ❷乾燥帯
   ❸温帯
   ❹冷帯（亜寒帯）
   ❺寒帯
2. ❶緯（線）
   ❷距離
   ❸本初子午線
   ❹180（度）
   ❺Y
   ❻15（度／時）
3. ❶日本海側
   ❷瀬戸内
   ❸南西諸島
   ❹北海道
   ❺太平洋側
   ❻内陸（中央高地）
4. ❶北西
   ❷Y
5. ❶つりがね（型）
   ❷富士山（型）
   ❸つぼ（型）
   ❹低（い）
   ❺子ども

解説

1

❶熱帯は，赤道を中心に広がっている。一年中雨が多い熱帯雨林気候と，乾季と雨季がはっきりしているサバナ気候がある。

❷乾燥帯には，一年を通して雨が非常に少ない砂漠気候と，雨が少しだけ降るステップ気候がある。

❸温帯は，偏西風や暖流の影響を受けて1年を通して気温と降水量の差が小さい西岸海洋性気候と，夏に乾燥し，冬に雨が多い地中海性気候と，1年を

通して降水量が多い温暖湿潤気候に分けられる。日本の大部分は温暖湿潤気候に属する。

❹冷帯（亜寒帯）は，短い夏と寒さの厳しい冬がある気候帯で，日本の北海道は冷帯に属する。

❺寒帯には，一年中氷と雪に覆われる氷雪気候と，夏の間だけ雪や氷がとけて，わずかにこけや草が生えるツンドラ気候がある。

2

❶経線と緯線が直角に交わる地図では，赤道から離れ，緯度が高くなるほど，地図上の面積が実際の面積よりも大きく表される。

❸本初子午線は，イギリスのロンドンを通る，経度0度の経線。

3

❶〜❻四季の変化がはっきりしているのは，季節風（モンスーン）によって，夏には太平洋上から暖かく湿った大気が運ばれ，冬にはユーラシア大陸から冷たい大気が運ばれてくるためである。

4

❶〜❷地形図中の等高線は，10mごとに主曲線が引かれているので，縮尺が2万5千分の1の地形図である。また，縮尺と実際の距離との関係もおさえておこう。

5

❶〜❺日本は2010年ごろから人口が減少する時代に入り，少子化と高齢化が急速に進んでいる。

STEP 2 練習問題

解答

1. (1)ユーラシア（大陸）
   (2)大西（洋）
   (3)ア
   (4)ウ
2. (1)ウ
   (2)東経135（度）
   (3)7（月）11（日）午前8（時）
3. ❶ウ
   ❷（例）近隣の県から通勤や通学をする

解説

1

(1)世界の六大陸は，ユーラシア大陸，北アメリカ大

陸，南アメリカ大陸，オーストラリア大陸，アフリカ大陸，南極大陸である。ユーラシア大陸は，ロシアにあるウラル山脈を境にして，ヨーロッパ州とアジア州に分けられる。

⑵ 三大洋は，太平洋，大西洋，インド洋である。

⑶ **イ**はンジャメナ（チャド），**ウ**はウランバートル（モンゴル），**エ**はマニラ（フィリピン）の雨温図である。

⑷ **ア**は温帯，**イ**は冷帯（亜寒帯），**エ**は乾燥帯の気候について説明した文である。

2

⑴ **ア**　ジャカルタは赤道より南，ニューヨークは赤道より北に位置する都市である。**イ**　実際の面積より小さくなっているものもある。**エ**　ペキンは5000kmより近い位置にある。

⑵ 東経135度の経線は，兵庫県明石市を通る。

⑶ 東京は東経135度，ブラジリアは西経45度の経線を標準時子午線としていることから，時差は（135＋45）÷15＝12となる。東京はブラジリアより12時間早いので，7月11日の午前8時となる。

3

❶ 資料の中で，昼夜間人口比率が100を超えているのは，東京都の119.2のみである。

❷ 資料から，東京都以外の3県の昼夜間人口比率は100を下回っていることが読み取れる。よって，東京都以外の3県の昼間人口は夜間人口より少なく，通勤や通学のために東京都へ移動していることが考えられる。

STEP 1　基本問題

解答

1 ❶択捉島
❷南鳥島
❸沖ノ鳥島
❹与那国島
❺リマン海流
❻対馬海流
❼日本海流（黒潮）
❽千島海流（親潮）

2 ❶集約農業
❷促成栽培
❸抑制栽培
❹露地栽培
❺A

3 ❶B
❷太平洋ベルト

4 ❶加工貿易
❷機械類

5 ❶自動車
❷高速道路

解説

1

❶ 日本の北端である択捉島は，色丹島・国後島・歯舞群島とあわせて北方領土と呼ばれる。本来は日本の領土であるが，現在はロシアが不法に占拠した状態が続いている。

❷ 名前に「南」と付いていることから，南端であると間違えやすいので注意。

❸ 沖ノ鳥島は波による浸食が進み，島としての体をなさない状態になりかけていた。沖ノ鳥島が島でなくなると，周辺の排他的経済水域もなくなるため，政府は約300億円かけて護岸工事をした。

❺❽ 日本海側を流れる寒流がリマン海流，太平洋側を流れる寒流が千島海流（親潮）。

❻❼ 日本海側を流れる暖流が対馬海流，太平洋側を

流れる暖流が日本海流（黒潮）。

②

❶ 日本は国土が狭く，農地も限られているため，効率よく労働力や資本を使う必要があり，集約農業が発展した。

❺ 日本の主食である米は，例年ほぼ100％の自給率を維持している。**B** は肉類，**C** は果実，**D** は小麦。

③

❶ 中京工業地帯には，自動車産業で知られる豊田市があり，自動車をふくむ機械工業がさかんである。

④

❷ 近年の日本では，原料を輸入し，部品を作って人件費の安い国に輸出し，完成した製品を輸入する，という流れが多い。

⑤

❶～❷ 1960年代以降，日本国内で新幹線や高速道路をはじめとする交通網の整備が進んだことで，旅客・貨物ともに爆発的に輸送量が増えた。なかでも，ドアtoドアでの輸送が可能な自動車での輸送が，現在の日本の輸送の主流となっている。

め，1年を通して降水量が少ない。

⑷ オリーブは，日本では香川県の小豆島（しょうどしま）での生産が有名である。乾燥に強い果実であるため，一年を通して雨が少ない瀬戸内地方でも育てることが可能。**ア**は青森県，**イ**は山梨県，**ウ**は和歌山県が生産量日本一である。

⑸ 冬でも暖かい宮崎県では，作物の出荷を早める促成栽培が行われている。**ア**は中部地方ではなく東北地方なので誤り。**ウ**は7月ではなく8月なので誤り。**エ**は中央高地の気候ではなく太平洋側の気候なので誤り。

②

⑴ 等高線の間隔が狭い方が傾斜が急なので，答えは **C－D** となる。

⑵ **A** 地点の標高は200m。2万5千分の1の地形図では，主曲線は10mごとに引かれているため，**A** 地点から5本先の **B** 地点は250mとなる。

⑶ お年寄りがつく杖が，地図記号のモチーフになっている。**ア**は 📖，**イ**は 🏠，**ウ**は ⚗。

③

⑴ **イ**は食料品，**ウ**は金属，**エ**は化学がそれぞれ当てはまる。

⑵ 京浜工業地帯では，埋（う）め立てなどで工場を建てる土地を確保していたが，それでも足りなくなって内陸に移転するようになった。

⑶ 埼玉県をはじめとする郊外の県から一斉に通勤・通学してくるため，朝夕のターミナル駅ではラッシュが起きやすい。

STEP 2　練習問題

解答

 ① ⑴ オホーツク海
　　　⑵ 沖ノ鳥（島）
　　　⑶ 瀬戸内（せとうち）（の気候）
　　　⑷ **エ**
　　　⑸ **イ**
② ⑴ **C－D**
　　　⑵ 250（m）
　　　⑶ **エ**
③ ⑴ **ア**
　　　⑵ 京浜（けいひん）（工業地帯）
　　　⑶ ターミナル（駅）

解説

①

⑴ 日本を囲む海洋は4つ（太平洋・日本海・オホーツク海・東シナ海）あるので，場所とあわせて覚えておこう。

⑶ **C** の香川県をふくむ瀬戸内地方は，北部に中国山地，南部に四国山地があり，季節風が遮（さえぎ）られるた

STEP 1　基本問題

解答

1 ①ペリー（来航）
②日米修好通商（条約）
③西南（戦争）
④内閣
⑤徳川慶喜
⑥伊藤博文

2 ①下関（条約）
②ポーツマス（条約）
③二十一か条（の要求）
④シベリア（出兵）
⑤領事裁判権
⑥関税自主権
⑦米騒動

3 ①満州国
②日独伊（三国同盟）
③太平洋（戦争）
④ポツダム（宣言）
⑤五・一五事件
⑥二・二六事件

4 ①朝鮮（戦争）
②日ソ（共同宣言）
③日韓（基本条約）
④沖縄（返還）
⑤マッカーサー
⑥冷たい戦争［冷戦］

解説

1
①東インド艦隊司令長官のペリーは，4隻の軍艦を率いて浦賀に来航した。
②特権を奪われたことに不満をもった士族たちが，西郷隆盛をかついで明治政府に反乱を起こした。
④帝国議会は，議員が選挙で選ばれる衆議院と，皇族や華族などが議員になる貴族院で構成された。
⑤江戸幕府15代将軍の徳川慶喜は，大政奉還後も徳

川家の勢力を維持しようとしたが，失敗した。
⑥伊藤博文は，内閣制度の創設の他，ドイツ（プロイセン）の憲法を参考にして，大日本帝国憲法の草案をつくった。

2
①下関条約で得た遼東半島は，その後ロシア・ドイツ・フランスによる三国干渉をうけ，清に返還した。
②ポーツマス条約では，北緯50度以南の樺太などを得たが，賠償金は得られなかったため，日比谷焼き打ち事件などの暴動が起こった。
③中国に対して，山東省のドイツ権益を日本が引き継ぐことなどを認めさせた。
④⑦シベリア出兵をみこした商人らが米を買い占めた結果，米の価格が高騰して庶民の生活を圧迫し，米騒動が起こった。
⑤領事裁判権を認めると，外国人が日本で罪を犯しても，日本の法律で裁けない。
⑥関税自主権がないと，商品を輸入する際に，関税率を自国で自由に決められない。

3
①日本の関東軍は，清の皇帝であった溥儀を元首として満州国の建国を宣言した。
③ハワイの真珠湾への奇襲攻撃とマレー半島への上陸により，太平洋戦争は始まった。
⑤海軍の青年将校らにより，犬養毅首相が暗殺された事件。
⑥陸軍の青年将校らが，大臣などを殺傷して東京の中心部を占拠した事件。

4
①朝鮮戦争により，軍需物資の注文が入ったため，日本は特需景気となった。
②日ソ共同宣言でソ連との国交が回復したことで，日本の国際連合加盟へのソ連の反対がなくなった。
⑤GHQの正式名称は，連合国軍最高司令官総司令部である。
⑥冷戦期は，お互いに核兵器をふくむ軍備拡張を進めたため，世界中が緊張状態にあった。

解答

1. (1) ❶日米和親（条約）
    ❷日英（同盟）
    ❸韓国（併合）
    ❹ベルサイユ（条約）
    ❺日中（戦争）
   (2) ア
   (3) エ
2. (1) ❶日韓基本（条約）
    ❷日中平和友好（条約）
   (2) 農地改革
   (3) 吉田茂
   (4) イ，ウ
   (5) 国際連合
   (6) 非核三原則

解説

1

(2) アは函館，イは新潟，ウは神奈川（横浜），エは兵庫（神戸），オは長崎。日米和親条約では，函館と下田が開かれている。

(3) アは義和団事件ではなく甲午農民戦争，イは日露戦争のほうが国民の負担は多かった，ウは遼東半島などを得たのは下関条約。

2

(3) 吉田茂は，戦後の日本を長くリードした内閣総理大臣である。

(4) 日米新安全保障条約を結んだのは岸信介，日中共同声明を出したのは田中角栄である。岸信介は安倍晋三の祖父にあたる人物。

(5) 国際連合の常任理事国であったソ連は，日本の国連加盟に対して拒否権を発動していた。しかし，日ソ共同宣言を出して国交を正常化したことで，日本の加盟を認めた。

(6) 佐藤栄作は，その功績からノーベル平和賞を受賞した。

STEP 1 　基本問題

解答

1. ❶馬
   ❷二毛作
   ❸定期市
   ❹水車
   ❺たい肥
   ❻備中ぐわ
   ❼千歯こき
   ❽金肥
2. ❶金剛力士像
   ❷金閣
   ❸菱川師宣
3. ❶執権
   ❷管領
   ❸老中
4. ❶エジプト（文明）
   ❷メソポタミア（文明）
   ❸インダス（文明）
   ❹中国（文明）
5. ❶ルネサンス
   ❷ルター
   ❸宗教改革
   ❹イエズス会
6. ❶漢［後漢］
   ❷魏
   ❸隋
   ❹遣唐使
   ❺宋
   ❻明
   ❼南蛮（貿易）
   ❽朱印船（貿易）

解説

1

❶農業に牛馬を使うことの他，草や木を焼いた灰を肥料として使うようになった。

❷同じ田畑で同じ作物を1年で2回育てることを二期
作という。

❸室町時代の定期市では，取引で宋銭や明銭が使わ
れることが多くなった。

❻❼江戸幕府や藩が農業の発展に力を入れたため，18
世紀ごろには，豊臣秀吉の時代と比べて農地面積
が約2倍になった。

2

❶金剛力士像は，武士の気風に合った力強さが特徴
の鎌倉文化を代表する彫刻。

❷室町時代の3代将軍足利義満が建てた（鹿苑寺）
金閣と，8代将軍足利義政が建てた（慈照寺）銀
閣は区別して覚えよう。

❸菱川師宣の見返り美人図は，上方の町人を担い手
とした元禄文化を代表する浮世絵。

3

❶～❸3つの幕府のしくみを見分けるには，将軍の補
佐役で判断するのが確実である。鎌倉幕府の執権
は北条氏が世襲し，室町幕府の管領は斯波・細川・
畠山の三家が交代で就任した。江戸幕府の老中は
2万5000石以上の譜代大名から選ばれた。

4

❶～❹地図と照らし合わせながら，四大文明がおこっ
た場所や大河の名前を覚えておこう。あわせて，各
文明で発明されたものや代表的な遺跡も整理して
おくとよい。特に，太陽暦と太陰暦はまぎらわしい
ので注意。なお，中国文明で使われた甲骨文字は，
現在の漢字のもととなった文字である。

5

❷ルターのようにカトリック教会の教えに反発した者
のことをプロテスタントという。

❹イエズス会の宣教師ザビエルは，1549年に来日し，
キリスト教を伝えた。

6

❶奴国の王が中国の皇帝から授けられた金印とされ
るものが，江戸時代に志賀島（福岡県）で発見さ
れた。

❹894年，菅原道真が遣唐使の停止を訴えた。

❺日宋貿易のため，平清盛は航路や兵庫の港を整
備した。

❽貿易船に発行された渡航許可証「朱印状」から，朱
印船貿易と呼ばれるようになった。

STEP 2　練習問題

解答

1 (1) 渡来人
　(2) ア
　(3) 楽市・楽座
2 ❶ウ　❷イ　❸キ　❹オ
3 (1) 卑弥呼
　(2) ウ
　(3) 勘合
　(4) イ

解説

1

(1) 大和政権は渡来人をさかんに採用し，書類作成や
財政管理などを担当させた。

(2) **ア** 調ではなく租が正しい。調は布または地域の
特産物を都まで運んで納める税。

(3) 問題文中の同業者組合とは座のことである。税を
免除し，座による独占をなくしたことにより，誰で
も商売できるようになった。

2

❶ 聖徳太子が建てた法隆寺なので，飛鳥文化。❷
大阪府にある大仙古墳（仁徳陵古墳）なので，古
墳文化。❸足利義政が建てた銀閣と同じ敷地にあ
る東求堂同仁斎なので，室町文化。❹藤原頼通が
建てた平等院鳳凰堂なので，平安時代の国風文化。

3

(1) 邪馬台国や卑弥呼については，「魏志倭人伝」に記
されている。

(2) **ア**は中大兄皇子（天智天皇）が行ったこと。**イ**は
鎌倉幕府の3代執権・北条泰時が行ったこと。**エ**
は千利休が行ったこと。

(3) 日明貿易が始まったころ，明の周辺では倭寇と呼
ばれる海賊がたびたび現れていた。そのため，正式
な貿易船と倭寇を区別するための合い札として，勘
合が用いられた。ここから，日明貿易は勘合貿易
ともいう。

(4) **ア・ウ・エ**は，日本が輸入したものである。ちなみ
に，当時はポルトガル人やスペイン人のことを南蛮
人と呼んでいたため，南蛮貿易と呼ばれるように
なった。

DAY 5

公民①
～人権と日本国憲法～

STEP 1　基本問題

解答

❶
- ❶ロック
- ❷モンテスキュー
- ❸三権分立
- ❹ルソー
- ❺権利章典
- ❻アメリカ独立宣言
- ❼フランス人権宣言
- ❽ワイマール憲法

❷
- ❶11(月)
- ❷3(日)
- ❸5(月)
- ❹3(日)
- ❺国民主権
- ❻象徴
- ❼国事行為
- ❽最高法規
- ❾3分の2以上
- ❿3分の2以上
- ⓫過半数

❸
- ❶男女雇用機会均等法
- ❷男女共同参画社会基本法
- ❸バリアフリー
- ❹経済活動
- ❺25(条)
- ❻教育

❹
- ❶環境アセスメント[環境影響評価]
- ❷自己決定権
- ❸マスメディア
- ❹プライバシー

解説

❶
- ❶ロックの抵抗権とは,「民衆には,権力者の横暴に抵抗する権利がある」という考え方。
- ❷❸モンテスキューは, 著作『法の精神』のなかで三

権分立を唱えた。
- ❹ルソーの人民主権とは,「政治の主権は人民にある」という考え方。
- ❺権利章典は王に議会の権利を認めさせた法律で,「王は君臨すれども統治せず」というイギリスの政治体制のもとになった。
- ❻アメリカが, イギリスの植民地としての立場からの独立を宣言したもの。
- ❼フランス革命の勃発後に出された宣言。自由・平等・国民主権などを原則とした。
- ❽ワイマール憲法は世界で初めて社会権について規定した他, 所有権や国民主権なども保障していた。

❷
- ❶～❹日本国憲法の公布日は文化の日, 施行日は憲法記念日になっている。
- ❺大日本帝国憲法では天皇主権であったが, 日本国憲法では国民主権となった。
- ❻大日本帝国憲法では, 天皇は統治権をもつ元首であったが, 日本国憲法では, 政治についての権限をもたない象徴となった。
- ❼国事行為には, 内閣総理大臣の任命・最高裁判所長官の任命・法律などの公布・国会の召集・衆議院の解散・栄典の授与がある。
- ❽日本国憲法第98条に規定されている。
- ❾～⓫日本国憲法第96条に規定されている。

❸
- ❶雇用面での女性への差別を禁止した法律。
- ❷男性も女性も対等な立場で活躍できる社会をつくることを目的とした法律。
- ❸バリア(壁)となっているものを取り除くという考え方。
- ❹経済活動の自由に属するのは, 居住・移転・職業選択の自由, 財産権の保障。
- ❺生存権について保障した, 日本国憲法第25条の条文も覚えておこう。

❹
- ❷自己決定権を尊重するものの1つに, 臓器提供意思表示カードがある。
- ❹プライバシーの権利は, 表現の自由とせめぎ合う場合がある。

解答

❶ (1)（例）国家権力が法にもとづいて行使される状態。

(2) 法の精神

(3) **ウ**

(4) **イ**

❷ (1) **ア**

(2) a　精神の自由

　　b　経済活動の自由

　　c　身体の自由

(3) ❶健康　❷最低限度

(4) 日照権

解説

❶

(1) 権力者が法をつくったり，国民を直接支配したりする「人の支配」では，権力者が横暴をはたらいても止めることが難しい。一方，法を権力者の上においた「法の支配」であれば，権力の行使を制限することができる。

(3) ワイマール憲法では，自由権や平等権も認めていたが，問題文には「世界で初めて」とあるため，社会権を選ぶ。**エ**の自己決定権は，日本国憲法に明記されていないが，近年主張されるようになった「新しい人権」の1つ。

(4) **ア**は公布日と施行日が逆。**ウ**は大日本帝国憲法での義務なので誤り。**エ**は日本国憲法第96条の要件を満たせば改正できるので誤り。

❷

(1) **イ**は無償で社会奉仕をする人のこと。**ウ**は世界規模であること。**エ**は患者が治療方法などについて医師から十分な説明を受けてから同意すること。

(4) 問題文中に「日当たりを考慮」とある点に着目する。日照権は環境権のうちの1つ。

公民②
～三権分立・社会保障～

STEP 1　基本問題

解答

❶ ❶国権の最高機関

❷衆議院

❸国務大臣

❹承認

❺三審制（さんしんせい）

❻控訴（こうそ）

❼上告

❷ ❶行政（権）

❷違憲審査

❸世論

❸ ❶生存（権）

❷社会保険

❸生活保護（法）

❹公衆衛生

❹ ❶地方交付税交付金

❷国庫支出金

❸首長

❹条例

❺選挙

解説

❶

❶国会は，「国権の最高機関」であるとともに「唯一（ゆいいつ）の立法機関」として，国の政治で重要な地位にある。

❷衆議院は参議院と比べて任期が短く，解散もあるため，より国民の意見を反映しやすい。

❸国務大臣の任命は内閣総理大臣が行うが，過半数は必ず国会議員でなければならない。

❹「助言と承認」はセットで覚えておこう。

❺三審制が採用されているのは，裁判を慎重に行うことで人権を守り，えん罪をうまないようにするためである。

❻❼控訴と上告の順番を間違えないようにしよう。

❷

❶ 国会が立法権，内閣が行政権，裁判所が司法権を担っている。

❷ 国会が制定した法律や，内閣がつくった命令・規則・処分などが憲法に違反していないかを，実際の裁判を通して審査することを違憲審査という。特に最高裁判所は，法律などが合憲か違憲かを最終的に判断する立場のため，「憲法の番人」と呼ばれる。

❸ 世間一般の声のことを世論という。世論が大きくなったことにより，政治が動いた例は過去にいくつもあるため，選挙や国民審査と並ぶ，国民のもつ大きな力といえる。

❸

❶ 日本国憲法第25条（生存権）では，「健康で文化的な最低限度の生活」を保障している。

❷ けがや病気で働けなくなった際に，申請すると給付金が支給されるしくみ。

❸ 生活保護は最後のセーフティネットとして重要な制度である。

❹

❶❷ 地方財政の歳入のうち，地方交付税交付金と国庫支出金は，国から支払われる依存財源である。それぞれの内容は区別して覚えておこう。

❸ 地方公共団体の首長とは，都道府県の知事と市（区）町村長のことをさす。

❹ 地方公共団体は独自の法として条例を定めることができるが，あくまでも法律の範囲内の内容に限られる。

❺ 国政では国民が行政機関のメンバー（内閣総理大臣や国務大臣）を選挙で選ぶことはできないが，地方自治では首長も地方議会議員も住民の選挙によって選ばれる。

STEP 2 　練 習 問 題

解答

❶ (1) 通常国会［常会］

(2) ア

(3) 裁判員制度

(4) ❶ ア ❷ エ ❸ ウ

❷ (1)（民主主義の）学校

(2) ❶ 25 ❷ 30 ❸ 25

(3) エ

(4)（例）地方公共団体の間の財政の<u>格差</u>をおさえるため。

解説

❶

(1) 国会の種類（常会・臨時会・特別会・参議院の緊急集会）は整理して覚えておこう。

(2) ア「外国と条約を結んだり」は正しいが，「予算を議決したり」は国会の仕事なので誤り。内閣が行うのは，予算案を作成して国会に提出することである。ちなみに，イは議院内閣制について説明した文である。

(3) 2009年に始まった裁判員制度では，重大な犯罪についての刑事裁判の第一審に，くじと面接で選ばれた国民が参加し，裁判官とともに被告人が有罪か無罪か，有罪の場合はどのような量刑が適切かを決めている。

(4) 特に，❷と❸はともに裁判所に対するものなので間違えないようにしよう。

❷

(2) 地方自治では都道府県の知事，国政では参議院議員の被選挙権が30歳以上で，他は25歳以上である。

(3) アは選挙管理委員会に請求するので誤り。イは3分の1以上の署名が必要なので誤り。ウは監査委員に請求するので誤り。

公民③
～経済と財政・
　国際社会～

STEP 1　基本問題

解答

❶ ❶供給
　❷**A**
　❸均衡価格（きんこう）
　❹独占
　❺寡占（かせん）
❷ ❶株式
　❷株主
　❸配当
　❹預金
　❺利子
❸ ❶国税
　❷地方税
　❸直接税
　❹間接税
　❺累進課税（るいしん）
　❻消費税
❹ ❶総会
　❷安全保障（理事会）
　❸常任理事国
　❹非常任理事国
　❺国連教育科学文化機関［UNESCO］
　❻国連児童基金［UNICEF］
❺ ❶平和維持活動［PKO］
　❷政府開発援助［ODA］
　❸非政府組織［NGO］
　❹地球温暖化
　❺京都議定書
　❻パリ協定
　❼**A**
　❽**C**

解説

❶
❶需要とは消費者の「買いたい」という思い，供給（じゅよう）とは生産者の「売りたい」という思いを表している。

❷グラフの**A**は需要曲線，**B**は供給曲線である。縦軸の価格，横軸の数量の関係性から読み取ろう。

❸均衡価格は，市場において需要と供給がつりあったときの価格をさす。

❺寡占状態の市場として，携帯電話市場があげられる。

❷
❶株式は，企業に出資した人の権利や義務を定めた証書のこと。

❷株主には，株主総会に出席して経営方針などを決定する権利がある。

❸配当の形式は，金銭であったり，優待であったりと企業によってさまざまである。

❺元金（借り入れた金額）に対する利子の比率を金（がんきん）利という。

❸
❶国税には，所得税・法人税・相続税・贈与税（ぞうよ）・消費税・酒税・たばこ税・自動車重量税などがある。

❷地方税には，住民税・事業税・固定資産税・地方消費税・自動車税などがある。

❺累進課税では所得の高い人ほど税率が高くなり，多く税金を納めることになる。これにより，貧富の格差を是正できる。

❻消費税は所得に関係なく誰でも一律で負担することになるため，所得の低い人ほど所得に占める税金の割合が高くなる。

❹
❶国際連合の総会は毎年9月から開かれ，すべての加盟国が平等に1票をもっている。

❺UNESCOの役割の1つが，世界の自然遺産や文化遺産の保護である。

❺
❶PKOには，日本の自衛隊などがたびたび参加している。

❷ODAの額はアメリカ合衆国やドイツが突出して多く，次いでイギリスや日本が多くなっている。

❹地球温暖化により，干ばつや洪水などの自然災害が起こったり，北極や南極の氷がとけて海水面が上昇し，低地が水没したりするおそれがある。

❺❻京都議定書での課題を見直す形でパリ協定が採（さい）択された。（たく）

❼❽人口の多さから，中国の排出量が最も多い。TOP3の順位はここ数年変わっていないため，**B**のアメリカもふくめて覚えておこう。

解答

❶ (1) **ウ**

(2) 公共料金

(3) **エ**

(4) 発券銀行

❷ (1) **ウ**

(2) 拒否権

(3) 南北問題

(4) **イ**

解答

(1) **B**

(2) ❶(例) 南半球に位置している

❷記号…**ウ** 気候帯…温（帯）

(3) **エ**

解説

(1) 図1中の**A**が需要曲線，**B**が供給曲線である。供給量が減ると，**B**は左に動く。商品の数が少ないのだから，需要が変わらないのであれば価格は上昇する。

(2) 電気やガス，水道の他，鉄道の運賃や郵便料金も公共料金である。

(3) **X**の時期は好況（好景気）であり，商品はよく売れるため，在庫は少なくなる。

❷

(1) **ア**は非政府組織，**イ**は国連児童基金，**エ**は東南アジア諸国連合の略称。

(3) 南北問題に対して，途上国間での経済格差やそこから生じる問題を南南問題という。

(4) ユーロを導入せず，自国の通貨を使用している加盟国もあるため，**イ**は誤り。

解説

(1) **略地図Ⅱ**は，東京からの距離と方位が正しい地図であるため，東京からみて東にあたる国は南アメリカ大陸に位置している❸である。**略地図Ⅰ**中の**A**は❹，**B**は❸，**C**は❶，**D**は❷とそれぞれ対応している。なお，**A**国はメキシコで首都はメキシコシティ，**B**国はアルゼンチンで首都はブエノスアイレス，**C**国はスイスで首都はベルン，**D**国はエジプトで首都はカイロである。

(2) ❶ブエノスアイレスは，南半球に位置する都市である。東京は北半球に位置するので，ブエノスアイレスとは季節が反対になる。また，夏美さんのまとめから，東京とブエノスアイレスの気候帯は同じであることがわかるので，ブエノスアイレスは温帯である。アルゼンチンは，国土が南北に長いため，温帯だけでなく，乾燥帯，冷帯などの気候帯に属するところもある。

❷ アルゼンチンは南半球に位置するので，6月〜8月ごろの気温が低くなることをふまえ，温帯の特徴を表す雨温図を選ぶ。温帯の特徴は，夏と冬の気温差があり四季の変化がはっきりとしていることである。したがって**ウ**が正しい。**ア**，**イ**は北半球の都市の雨温図，**エ**は，他の月と比べると6月〜8月ごろの気温は低めだが，夏と冬の気温差がほとんどないので，ブエノスアイレスの雨温図ではない。

(3) エジプトをふくむアフリカ州の多くの国では出生率が高く，人口増加が著しい。一方で，医療の発達が先進国より遅れていることが多いため，65歳以上の割合が低い傾向が見られる。よって，0〜14歳の割合が高く，65歳以上の割合が低いものを選択肢から選ぶ。**イ**は4国のうち小麦の生産量が最も多いため，国土の半分が農地であるアルゼンチン，**ウ**は輸出額に占める輸送機械の割合が最も高いので，自動車生産がさかんなメキシコ，**ア**は他の

3国と比べて0〜14歳の割合が低く，65歳以上の割合が高いため，スイスと考えられる。したがって，**エ**が正しい。

②

解答

(1) **ア・エ**（順不同）

(2) **イ**

(3) ❶ 促成（栽培）

❷ （例）供給量が少なく，価格が高くなっている

解説

略地図中Aは広島県，**B**は高知県である。

(1) 中国・四国地方は，中国山地と四国山地を境に，大きく3つの地域に分けられる。中国山地より北の地域は山陰，中国山地と四国山地にはさまれた地域は瀬戸内，四国山地より南の地域は南四国と呼ばれる。また，中国地方のうち，中国山地より南の地域は山陽と呼ばれることもある。**イ**の北陸は中部地方の日本海側の地域のこと，**ウ**の中央高地は中部地方の内陸のなかでも，標高の高い地域のこと，**オ**の東海は中部地方の太平洋側の地域のことをさす。

(2) **資料Ⅰ**から，川が海へ流れ込んでいることがわかるので，三角州と考えられる。**ア**の扇状地は，川が山間部から平野や盆地に流れ出たところにできる地形である。**ウ**の盆地は，まわりを山に囲まれた平地である。**エ**の台地は，平地よりも一段高いところに形成された地形である。

(3) ❶ 温暖な気候を生かして出荷時期を早める栽培方法を促成栽培という。この栽培方法は，宮崎県や高知県を中心に暖かい気候の地域でさかんに行われている。反対に，出荷時期を遅らせる栽培方法を抑制栽培という。この栽培方法は，高地など夏に比較的涼しい気候である地域で行われていることが多い。

❷ **資料Ⅱ**から，高知県産のなすの取扱量が増えるのは，10月以降であることがわかる。この時期は，高知県産以外のなすの取扱量が少なくなると同時に，全体の取扱量も少なくなっていることが読み取れる。また，平均価格も高くなる傾向にあることがわかる。つまり，市場に出まわる量が少なく，価格が高い時期に，高知県産のなすが出荷されているということがわかる。

解答

(1) **イ**

(2) **イ**

(3) **ア**

解説

(1) 大政奉還とは，15代将軍徳川慶喜が天皇に政権を返上したことをさす。また，新政府である明治政府は，古代の政治のしくみにならって太政官制を採用した。1868年に，江戸を東京と改称し，1869年には京都から東京へ首都を移した。**ア** 1867年に朝廷が出した新政府樹立の宣言のことである。領地を天皇に返すことをせまられた旧幕府側は，薩摩藩や長州藩を中心とした新政府軍と戦ったが，函館の五稜郭の戦いを最後に敗れた。この戦争を戊辰戦争という。**ウ** 1889年に天皇が国民に与えるという形で発布された。主権は天皇にあり，司法・立法・行政すべての決定権をもっていた。**エ** 1874年に板垣退助らが国民の代表による議会の開設を求めた要求書。自由民権運動のきっかけとなった。

(2) 官営の八幡製鉄所は，日清戦争で得た賠償金の一部を使って建設された。1901年から，筑豊炭田の石炭と中国から輸入した鉄鉱石を使って鉄鋼の生産が始まった。**ア** 1925年のできごとである。第二次護憲運動により成立した加藤高明内閣が制定した。女性には選挙権が与えられなかった。**ウ** 1872年にフランスの教育制度にならって定められた。富国強兵の政策と近代化を実現させるため，新政府は，教育によって国民に幅広い知識を身につけさせる必要があると考えた。**エ** 1906年のできごとである。日露戦争の講和条約であるポーツマス条約で得た南満州における鉄道の経営権や鉱山の採掘権などを行使するとともに製鉄所なども経営した。

(3) 同盟国とは，第一次世界大戦でドイツ側に立って戦った国々（オーストリア，ドイツ，トルコなど）をさす。また，枢軸国とは1940年に日独伊三国同盟を結んだ，ドイツ，イタリア，日本の3国などをさす。第一次世界大戦は，自国だけでなく植民地からも兵士を動員したことにより，ヨーロッパだけでなくアフリカやアジアの一部も戦場となった。兵士となる男性だけでなく，一般の人々も戦争に協力する総力戦となった。

解答

(1) 子どもの権利条約 [児童の権利に関する条約]

(2) エ

解説

(1) この条約は生きる権利，育つ権利，守られる権利，参加する権利の4つの内容について定めている。

(2) 他人の権利を侵害したり，社会全体の利益が守られなかったりする場合は，公共の福祉により，人権の制約を受けることもある。**ア**の生存権は，憲法25条の「健康で文化的な最低限度の生活を営む権利」である。**イ**の請求権は，人権が侵された場合，その救済を求める権利で，裁判を受ける権利などである。**ウ**と**エ**は自由権にふくまれる。憲法が保障する自由権には，精神の自由，身体の自由，経済活動の自由があり，**エ**の表現の自由は，精神の自由にふくまれる。自分の意見を発表してもよいが，どのような表現でもよいわけではない。

解答

(1) エ

(2) イ

(3) ア

解説

(1) 直接税とは，税金を納める人と税金を負担する人が同じ税のことである。所得税や法人税，相続税などは直接税であり，国や地方公共団体に負担者が直接納める。揮発油税，消費税，関税，入湯税は間接税であり，税金を負担するのは消費者であるが，税金を納めるのは，生産者や販売者になる。

(2) 日本銀行の金融政策の目的は，物価の安定を図り，景気の変動を安定化させることである。**X** 歳出を減らしたり増税したりして市場に出回るお金を減らすのは好況（好景気）のときである。**Y** 経済活動をおさえることで，インフレーション（インフレ）などの物価上昇を防ごうとする。

(3) 日本は高齢化が進んでいるため，年金や医療費などの社会保障関係費は増加している。**イ**は国の借金である国債費，**ウ**は公共事業関係費，**エ**は防衛関係費である。

解答

(1) ❶ エ

❷ カ

(2) （例）シリコンバレーを中心に，先端技術産業が発達したから。(26字)

(3) （例）夏の涼しい気候を利用することで，静岡県や茨城県が出荷しない時期にレタスを生産している。(43字)

解説

(1) ❶ アルパカやリャマなどの放牧が行われているのは，アンデス山脈の中でも標高が4000mをこえるところである。**ア**はヨーロッパ州である。**イ**はアフリカ州のエジプト周辺で砂漠が広がっている。**ウ**はオーストラリアの内陸部で，乾燥した草原や砂漠が広がっている。

❷ 本初子午線はイギリスのロンドンを通っている。したがって**カ**が正しい。赤道（緯度0度）や日付変更線の位置も確認しておこう。

(2) サンフランシスコ南方のサンノゼ近郊は，パソコン，スマートフォンなどで使うソフトウェア，半導体関連の先端技術産業が発達している。その地域がシリコンバレーと呼ばれるのは，半導体の主な素材がシリコン（ケイ素）であるためと，半導体を製造する会社が渓谷地帯（バレー）に集まっているためである。また，シリコンバレーをふくむアメリカの北緯37度以南の地域は暖かく，日照時間が長いことからサンベルトと呼ばれる。この地域では，もともと農業がさかんだったが，近年では，コンピュータやインターネットに関連した情報通信技術産業が発達している。

(3) **グラフ2**からは，他の2県と比べて長野県の月別平均気温が低いことがわかる。**グラフ3**からは，長野県の出荷量は，6月から9月にかけて多くなっていることがわかる。つまり，長野県のレタスは，高冷地の冷涼な気候を生かし，静岡県や茨城県からの出荷が少ない夏場を中心に出荷されている。また，涼しい気候を利用して栽培されるレタスやキャベツなどの野菜を高原野菜という。

②

解答

(1) 等高線

(2) 記号　**A**

理由　（例）日本の方がドイツに比べて東西や南北に国土が広がり、島も多いので、航空機と船舶の利用の割合が高いため。

解説

(1) 「まとめ」から、高速道路が扇状地で弧を描くように通っているのは、「道路の高低差を小さくするため」であることがわかる。**地形図**上で高さを表すのは等高線で、等高線は同じ高さを表した線である。そのため、等高線に沿って道路をつくることで、道路の高低差を小さくすることができる。また、**地形図**から、扇状地には果樹園（○）の地図記号が多いことが読み取れる。扇状地は粒の大きい砂や小さな石からできているため水はけがよい、という土地の特性を生かして、桃やぶどうなど果物の栽培が行われている。特に山梨県の甲府盆地は、桃やぶどうの産地として有名である。三角州や台地など、他の地形の特徴も確認しておこう。

(2) **グラフ**から、**A**と**B**を比べると、**A**の方が鉄道や航空機・船舶での移動の割合が高いことがわかる。人口密度が高い日本の大都市圏内の通勤・通学では、移動に鉄道などの公共交通機関の利用が多い。中距離の移動にも新幹線の利用が多い。反対に、人口密度が低い地域では、鉄道の利用率が低く、自動車の利用が多い。また、**地図Ⅰ、Ⅱ**から、ドイツに比べて日本の方が東西、南北に国土が広がっていることがわかる。さらに、日本には離島が多いため、航空機・船舶での移動の割合もドイツより高いと考えられる。したがって**A**が日本である。アメリカについては、日本やドイツよりもはるかに国土面積が広いため、自動車での移動の割合が90％近く、航空機での移動の割合も日本やドイツより高いことが読み取れる。

③

解答

(1) **ウ**

(2) **エ**

(3) （例）中国［宋］との貿易

(4) 二毛作

(5) **ア**

解説

(1) 1世紀とは1～100年である。**ア**のメソポタミア文明は紀元前3000年ごろにチグリス（ティグリス）川とユーフラテス川の流域で生まれた文明である。**イ**のギリシア文明は紀元前8世紀ごろにバルカン半島あたりで生まれた文明である。**エ**のルネサンスは14世紀ごろにおこった、古代ギリシア・ローマの文化を理想とする風潮のことである。エジプト文明やインダス文明などその他の文明の特徴も確認しておこう。

(2) **ア・イ**　写真Ⅰの琵琶は、インドの文化の影響を受けており、東大寺の正倉院に保管されている。**ウ・エ**　写真Ⅱの土佐日記は、仮名文字で書かれている。万葉集は漢字で書かれており、天平文化の作品である。国風文化を代表する仮名文字を使った作品には、他に『源氏物語』『枕草子』などがある。

(3) 平清盛が行った宋との貿易では、金や銀、硫黄、刀などが輸出され、陶磁器、絹織物、宋銭などが輸入された。特に宋銭は、日本国内に流通し、経済活動を活性化させた。

(4) 問題文の「一年間の土地利用を工夫した農業の方法」をヒントに考える。二毛作とは、1年の間に米と麦を育てるなど、同じ田畑で異なる作物を育てることである。

(5) 貨幣経済の発達により、金・銀・銅の需要が高まり、幕府や諸藩は鉱山の開発を行うようになった。佐渡金山、生野銀山、石見銀山などは幕府が直接支配していた。また、大阪や長崎の他に、京都や奈良も江戸幕府の直轄地となった。**b**　江戸幕府の将軍を補佐していたのは、老中である。大老は、必要なときに臨時に置かれた最高職である。また、江戸幕府は幕府と藩が土地と人民を支配する幕藩体制をとっていた。**d**　御恩と奉公の関係で結ばれていたのは、鎌倉幕府の将軍と御家人である。

解答

(1) **ア**

(2) **カ**

(3) **ウ**

解説

(1) 都道府県や市（区）町村などの地方公共団体の政治では，条例の制定・改廃，議会の解散，議員・首長の解職などの直接請求権が住民に認められている。国の政治のしくみでは，このような直接請求権は認められていない。したがって**ア**が正しい。

イ 資料1から，内閣総理大臣の指名は，国会議員の中から国会の議決により行われることがわかる。**ウ** 国にとって大事な決定をより慎重に行うことができるように，国会は衆議院と参議院からなる二院制をとっている。**エ** 資料1から，内閣は衆議院の解散，首長は議会の解散をすることができることがわかる。

(2) **a** 政府が提供している公共サービスは，学校教育の整備や，道路や交通機関の整備，医療の充実，生活の安全の維持など，私たちの生活を支えるものである。**b** 家計とは，個人や家族で消費生活を営むことである。個人は，企業で働き，モノやサービスという商品を生産することにより，賃金を得ている。**c** 企業は政府に税金を納めている。このように，家計，企業，政府の3者の間では，商品とお金が交換され，循環している。また，政府が家計や企業から集めた税金で，国民にさまざまなモノやサービスが提供されている。

(3) 常任理事国として拒否権をもつのは，アメリカ合衆国，ロシア連邦，イギリス，フランス，中国の5か国である。このうち1か国でも反対すると決議ができない。安全保障理事会は，5か国の常任理事国と10か国の非常任理事国から構成され，平和に関する決議を行う機関である。第二次世界大戦後に成立した国際連合は，総会，安全保障理事会，国際司法裁判所などから構成されている。本部はニューヨークに置かれている。1920年に成立した国際連盟（本部はジュネーブ）との違いも確認しておこう。